?! 歴史《れきし》漫画《まんが》 タイムワープ シリーズ 通史編《つうしへん》 4

# 奈良時代《ならじだい》へタイムワープ

マンガ：細雪《ささめゆき》 純《じゅん》／ストーリー：チーム・ガリレオ／監修《かんしゅう》：河合《かわい》 敦《あつし》

# はじめに

奈良時代《ならじだい》は、平城京《へいじょうきょう》が都《みやこ》だった時代《じだい》です。平城京《へいじょうきょう》は、今《いま》の奈良県《ならけん》にありました。

この時代《じだい》について、学校《がっこう》の授業《じゅぎょう》では、聖武天皇《しょうむてんのう》が仏教《ぶっきょう》の力《ちから》で国《くに》を治《おさ》めようとして、各地《かくち》に大《おお》きな寺《てら》をつくったり、奈良《なら》の都《みやこ》に大仏《だいぶつ》をつくったりしたこと、唐《とう》（中国《ちゅうごく》）の文化《ぶんか》に影響《えいきょう》を受《う》けた天平文化《てんぴょうぶんか》が栄《さか》えたことなどを学習《がくしゅう》します。

今回《こんかい》のマンガでは、以前《いぜん》、飛鳥時代《あすかじだい》を旅《たび》したカイ、マリン、リクの3人組《にんぐみ》が、奈良《なら》の大仏《だいぶつ》がつくられる奈良時代《ならじだい》にタイムワープします。3人《にん》は、聖武天皇《しょうむてんのう》の娘《むすめ》・阿倍内親王《あべのないしんのう》と知《し》り合《あ》って友達《ともだち》になったり、盗賊《とうぞく》に襲《おそ》われたりしながら、当時《とうじ》の社会《しゃかい》について学《まな》んでいきます。

奈良時代《ならじだい》はいったいどんな時代《じだい》だったのでしょうか。3人《にん》と一緒《いっしょ》に冒険《ぼうけん》しましょう！

監修者《かんしゅうしゃ》　河合《かわい》 敦《あつし》

# 今回《こんかい》のタイムワープの舞台《ぶたい》は…？

4万年前《まんねんまえ》
2万年前《まんねんまえ》
1万年前《まんねんまえ》
2000年前《ねんまえ》
1500年前《ねんまえ》
1400年前《ねんまえ》
1300年前《ねんまえ》
1200年前《ねんまえ》
1100年前《ねんまえ》
1000年前《ねんまえ》
900年前《ねんまえ》
800年前《ねんまえ》
700年前《ねんまえ》
600年前《ねんまえ》
500年前《ねんまえ》
400年前《ねんまえ》
300年前《ねんまえ》
200年前《ねんまえ》
100年前《ねんまえ》
50年前《ねんまえ》

先《せん》史《し》時《じ》代《だい》
旧石器時代《きゅうせっきじだい》
日本人《にほんじん》の祖先《そせん》が住《す》み着《つ》く
縄文時代《じょうもんじだい》
土器《どき》を作《つく》り始《はじ》める
貝塚《かいづか》が作《つく》られる
米作《こめづく》りが伝《つた》わる
弥生時代《やよいじだい》

古《こ》代《だい》
大和朝廷《やまとちょうてい》が生《う》まれる
古墳時代《こふんじだい》／飛鳥時代《あすかじだい》
ココ!!
平城京《へいじょうきょう》が都《みやこ》になる
奈良時代《ならじだい》
平安京《へいあんきょう》が都《みやこ》になる
平安時代《へいあんじだい》

中《ちゅう》世《せい》
モンゴル（元《げん》）軍《ぐん》が2度《ど》攻《せ》めてくる
鎌倉時代《かまくらじだい》
室町幕府《むろまちばくふ》が開《ひら》かれる
室町時代《むろまちじだい》
金閣《きんかく》や銀閣《ぎんかく》がつくられる

近《きん》世《せい》
安土桃山時代《あづちももやまじだい》
江戸幕府《えどばくふ》が開《ひら》かれる
江戸時代《えどじだい》

近《きん》代《だい》
明治維新《めいじいしん》
明治時代《めいじじだい》
大正時代《たいしょうじだい》
大正《たいしょう》デモクラシー

現《げん》代《だい》
昭和時代《しょうわじだい》
太平洋戦争《たいへいようせんそう》
高度経済成長《こうどけいざいせいちょう》
平成時代《へいせいじだい》
令和時代《れいわじだい》

華《はな》やかな貴族《きぞく》の時代《じだい》

米作《こめづく》りが広《ひろ》まる
巨大《きょだい》なお墓《はか》（古墳《こふん》）がつくられる
奈良《なら》の大仏《だいぶつ》がつくられる
鎌倉幕府《かまくらばくふ》が開《ひら》かれる（武士《ぶし》の時代《じだい》の始《はじ》まり）
戦国時代《せんごくじだい》
町人文化《ちょうにんぶんか》が盛《さか》んになる
文明開化《ぶんめいかいか》
現代《げんだい》

もくじ

## 歴史《れきし》なるほどメモ



## 教《おし》えて!! 河合先生《かわいせんせい》 奈良時代《ならじだい》 おまけ話《ばなし》

# 登《とう》場《じょう》人《じん》物《ぶつ》

## カイ

元気《げんき》なのが取《と》りえ。
「冒険《ぼうけん》がオレを呼《よ》んでるぜ！」と
あとさき考《かんが》えず、すぐに行動《こうどう》。
そのことが、トラブルを
引《ひ》き寄《よ》せてしまう。

## 神《かみ》の亀《かめ》

タイムワープする力《ちから》を持《も》つ
不思議《ふしぎ》な亀《かめ》。

## マリン

カイの幼《おさな》なじみ。
クールでちゃっかりした性格《せいかく》。
カイの子《こ》どもっぽさに
厳《きび》しくツッコミを入《い》れつつも
いつも一緒《いっしょ》に冒険《ぼうけん》に出《で》てしまう。
ヒップホップダンスが得意《とくい》。

## リク

やさしくて、動物《どうぶつ》好《ず》きな男《おとこ》の子《こ》。

カイやマリンと友達《ともだち》になったせいで

次《つぎ》から次《つぎ》へと事件《じけん》に巻《ま》き込《こ》まれる。

学校《がっこう》では「いきもの係《がかり》」。

意外《いがい》と歴史《れきし》にも詳《くわ》しい。

## 阿倍内親王《あべのないしんのう》

聖武天皇《しょうむてんのう》の娘《むすめ》。

わがままでおてんばだが、

カイたちとの出会《であ》いで

大事《だいじ》なことに気《き》づく。

## 聖武天皇《しょうむてんのう》と光明皇后《こうみょうこうごう》

気弱《きよわ》で運《うん》の悪《わる》い天皇《てんのう》と、その奥《おく》さん。

悲願《ひがん》は、黄金《おうごん》の巨大《きょだい》な大仏《だいぶつ》を

つくること。

# 1章《しょう》

# 落《お》ちた先《さき》は「平城京《へいじょうきょう》」

ドドドオオオォ
シュウウウゥ‥
いったあ〜
よっしゃ!!
タイムワープ成功《せいこう》!!
カイ
マリン
リク

*小野妹子《おののいもこ》は飛鳥時代《あすかじだい》の役人《やくにん》。詳《くわ》しくは「飛鳥時代《あすかじだい》へタイムワープ」を見《み》てね

その積《つ》み荷《に》ィイ
よこせェエ～～
オ……
オニだあぁぁ――
おわあ　あああ～
なんでタイムワープ早々《そうそう》……
あ

ザッ
行《ゆ》き止《ど》まり!!
ギラッ
カラ
カラン…
積《つ》み荷《に》を
よこせえ〜

ブゥルルルル‥
カッ
うっ
いってェ――
ひょ〜〜い
カコン‥
ヤベッ お面《めん》が……
あっ
あいつ ただの人間《にんげん》じゃないか!!

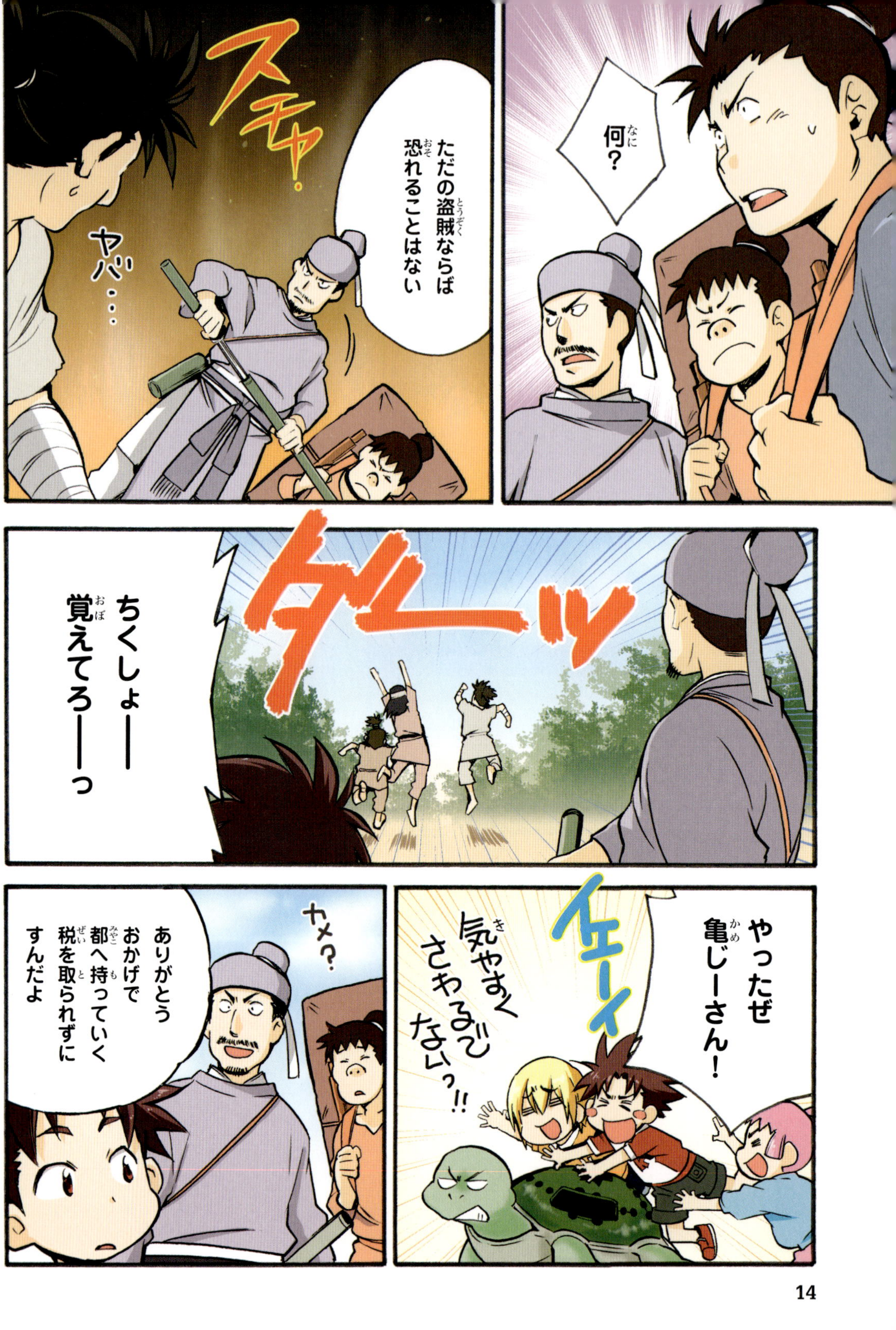
何《なに》？
スチャ！
ただの盗賊《とうぞく》ならば恐《おそ》れることはない
ヤバ・・・
ダーッ
ちくしょー覚《おぼ》えてろーーっ
やったぜ亀《かめ》じーさん！
イエーイ
気《き》やすくさわるでないっ!!
カメ？
ありがとう おかげで都《みやこ》へ持《も》っていく税《ぜい》を取《と》られずにすんだよ

その亀《かめ》はきみが飼《か》っているの?
そうです
ガルルル…
きみ……だいじょうぶ?
やれやれ
気《き》をつけて～
それではわれわれは都《みやこ》へ急《いそ》ごう
よし オレたちも妹子《いもこ》さんのところへタイムワープし直《なお》そうぜ!!
カイ……
何《なに》それ どーいう ことだよ
えーっ
わたしの背中《せなか》を見《み》ろ!!
わたしは今《いま》……
時《とき》を超《こ》えることができない

あーっ!!
亀《かめ》さんのこうらが欠《か》けてる!
だだだだいじょうぶ? 亀《かめ》さん!!
どうしてこんなことに……
わかった!! さっきの体当《たいあ》たりで……
違《ちが》う!!
これはあの時《とき》——
それ——レッツゴー!!

わたしは神《かみ》の亀《かめ》でタクシーではないのだぞ
まあまあかたいこというなよォ〜
妹子《いもこ》さん元気《げんき》かな？
リク!! お楽《たの》しみはそれだけじゃねぇ
新《あたら》しい冒険《ぼうけん》がオレを待《ま》ってるぜぇー
うりゃ
プゥ
あ ごめん
じゃあぁあ
うわぁ暴《あば》れんなって！
バタ
バタ
ち ちょ おまえたち
ユーラ
ユーラ
やめんかあぁ〜

ザザザザ
ザザザ
バッ

オイイイイ

おぬしたちがタイムワープ中《ちゅう》に暴《あば》れたからこんなことになったのじゃ!!
マリンがうるせーからだ
あんたのせいでしょ
ケンカしてる場合《ばあい》じゃないよ〜〜
もしかしてこのままじゃぼくたち……
こうらを元《もと》に戻《もど》さねば時《とき》を超《こ》えることはできぬ
このままでは元《もと》の時代《じだい》に帰《かえ》ることはできんぞ
えーっ!!
やっぱり…
くんくん
まったく
それじゃ
どぼりんっ
わたしはここで待《ま》っておるから早《はや》くこうらを見《み》つけてこい
でもどこを捜《さが》せば……
さっきの者《もの》たちを追《お》え
大《おお》きな町《まち》に出《で》るはずじゃ
こうらがなければただのカメ…

わたしのこうらはめずらしい模様《もよう》じゃから見《み》つかれば必《かなら》ずうわさになるじゃろう
なるほど!
——でその町《まち》って何《なん》てところなの?
っていうかそもそもここはいつの時代《じだい》なの?
大《おお》きな町《まち》とはこの時代《じだい》の都《みやこ》の平城京《へいじょうきょう》
つまりここは……
約《やく》1300年前《ねんまえ》の奈良時代《ならじだい》じゃ
オナラ時代《じだい》!!
おもしろそう!!!
バカーッ!

# 奈良《なら》時代《じだい》ってどんな時代《じだい》？

## ①巨大《きょだい》な都《みやこ》・平城京《へいじょうきょう》！

710（和銅《わどう》3）年《ねん》、元明天皇《げんめいてんのう》の時代《じだい》に、奈良《なら》の平城京《へいじょうきょう》に都《みやこ》が移《うつ》されました。これが、奈良時代《ならじだい》のはじまりです。

平城京《へいじょうきょう》は、唐《とう》（中国《ちゅうごく》）の長安《ちょうあん》をお手本《てほん》にしてつくられました。当時《とうじ》は10万人《まんにん》ほどが住《す》んでいたと考《かんが》えられています。

「律令《りつりょう》」とよばれる国《くに》のルールが完成《かんせい》したのも、この頃《ころ》です。この律令《りつりょう》も、唐《とう》の律令《りつりょう》を参考《さんこう》にしてつくられました。

もの知《し》りコラム

### おしりたたきの刑《けい》もあった⁉
### 国《くに》のルール「律令《りつりょう》」とは？

「律令《りつりょう》」は、刑罰《けいばつ》の規定《きてい》「律《りつ》」と、政治《せいじ》や経済《けいざい》などの規定《きてい》「令《りょう》」を合《あ》わせたもので、今《いま》でいう法律《ほうりつ》です。

◆　◆　◆

「律《りつ》」で定《さだ》められた刑罰《けいばつ》で、いちばん軽《かる》いのは竹《たけ》の棒《ぼう》で10回《かい》おしりや背中《せなか》をたたく刑《けい》、いちばん重《おも》いのは死刑《しけい》でした。「令《りょう》」では、役所《やくしょ》の組織《そしき》のしくみや、現在《げんざい》の都道府県《とどうふけん》や市《し》区町村《くちょうそん》に近《ちか》い「国《こく》・郡《ぐん》・里《り》」を置《お》くこと、どんな人《ひと》からどれくらいの税《ぜい》を取《と》るか、など、国《くに》のしくみに関《かん》するルールが定《さだ》められました。

**平城京《へいじょうきょう》**
東西約《とうざいやく》4.3km、南北約《なんぼくやく》4.8km。碁盤《ごばん》の目《め》のように区画《くかく》され、天皇《てんのう》の住《す》む宮殿《きゅうでん》がある平城宮《へいじょうきゅう》から羅城門方面《らじょうもんほうめん》を見《み》て朱雀大路《すざくおおじ》の右側《みぎがわ》が「右京《うきょう》」、左側《ひだりがわ》が「左京《さきょう》」とよばれていた。唐《とう》（中国《ちゅうごく》）や朝鮮半島《ちょうせんはんとう》の新羅《しらぎ》など、外国《がいこく》から来《き》た人《ひと》も暮《く》らす国際《こくさい》都市《とし》だった

イラスト：占部浩

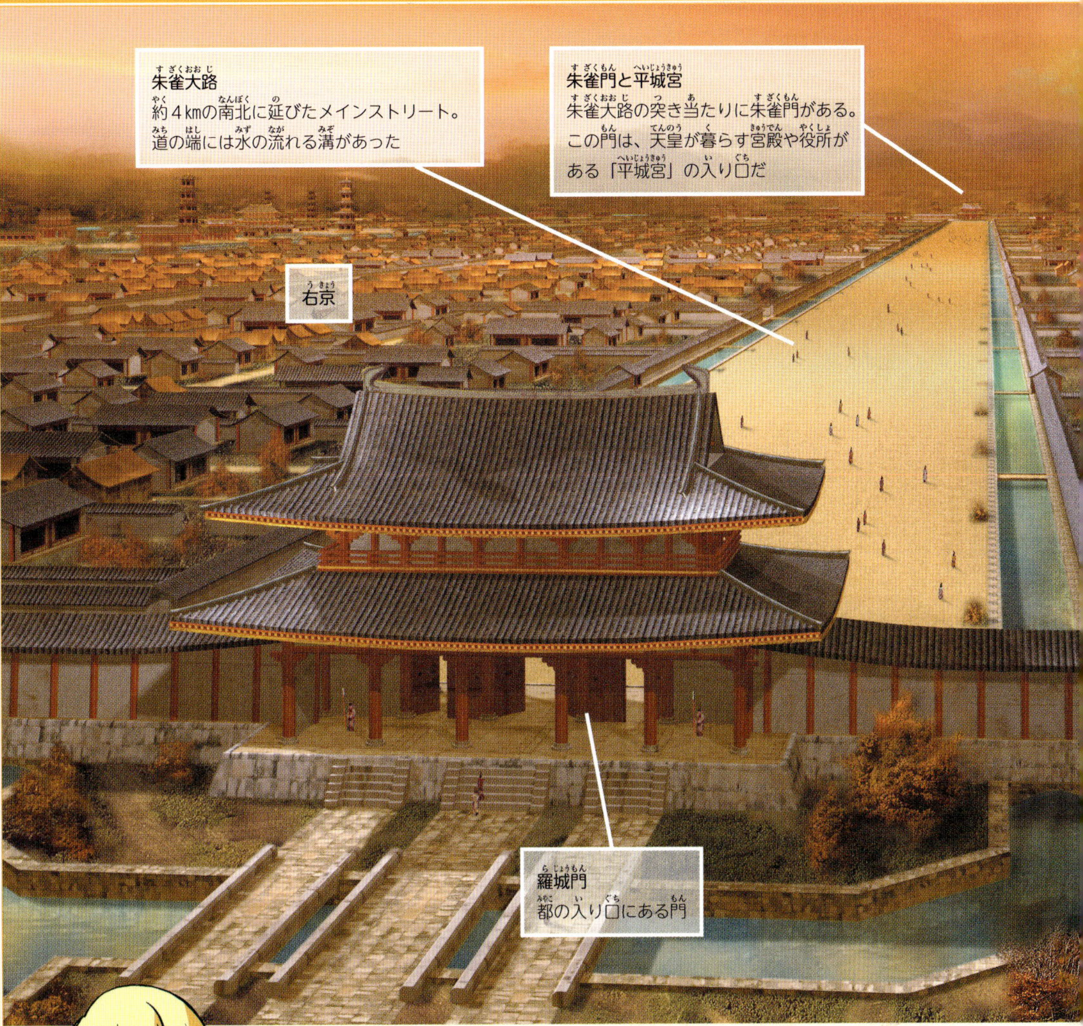

平城京《へいじょうきょう》は現在《げんざい》の奈良県北部《ならけんほくぶ》
につくられた

# 2章《しょう》 3つのこうらを集《あつ》めろ!

バーン!!
ここが平城京《へいじょうきょう》かあー
平城京《へいじょうきょう》
このでかい門《もん》が町《まち》の入《い》り口《ぐち》か!!
ドーン
羅城門《らじょうもん》

よし!! さっそく聞《き》き込《こ》みだ!!
スミマセーン!!
全然《ぜんぜん》
手《て》がかりなし
カイ!! まだ始《はじ》めて5分《ふん》くらいでしょ
だってハラ減《へ》ったしー
ピク…
お?
くんくんくん…
食《た》べ物《もの》のニオイが……
ちょちょっと……
どこ行《い》くのカイ!!

次《つぎ》の方《かた》どうぞーー
こちらで食《た》べ物《もの》を配《くば》っておりまーす
ドドドドドドド
おおお
食《た》べ物《もの》をーどうかわたしにも食《た》べ物《もの》をー
だ……だいじょうぶですよひとり1個《こ》ですけど
ちぇっ
ケチ
カーイ!!
ここは 何《なん》の施設《しせつ》なんですか?
ここは「施薬院《せやくいん》」光明皇后《こうみょうこうごう》さまがおつくりになった病院《びょういん》です
今日《きょう》は内親王《ないしんのう》さまもいらっしゃってますよ

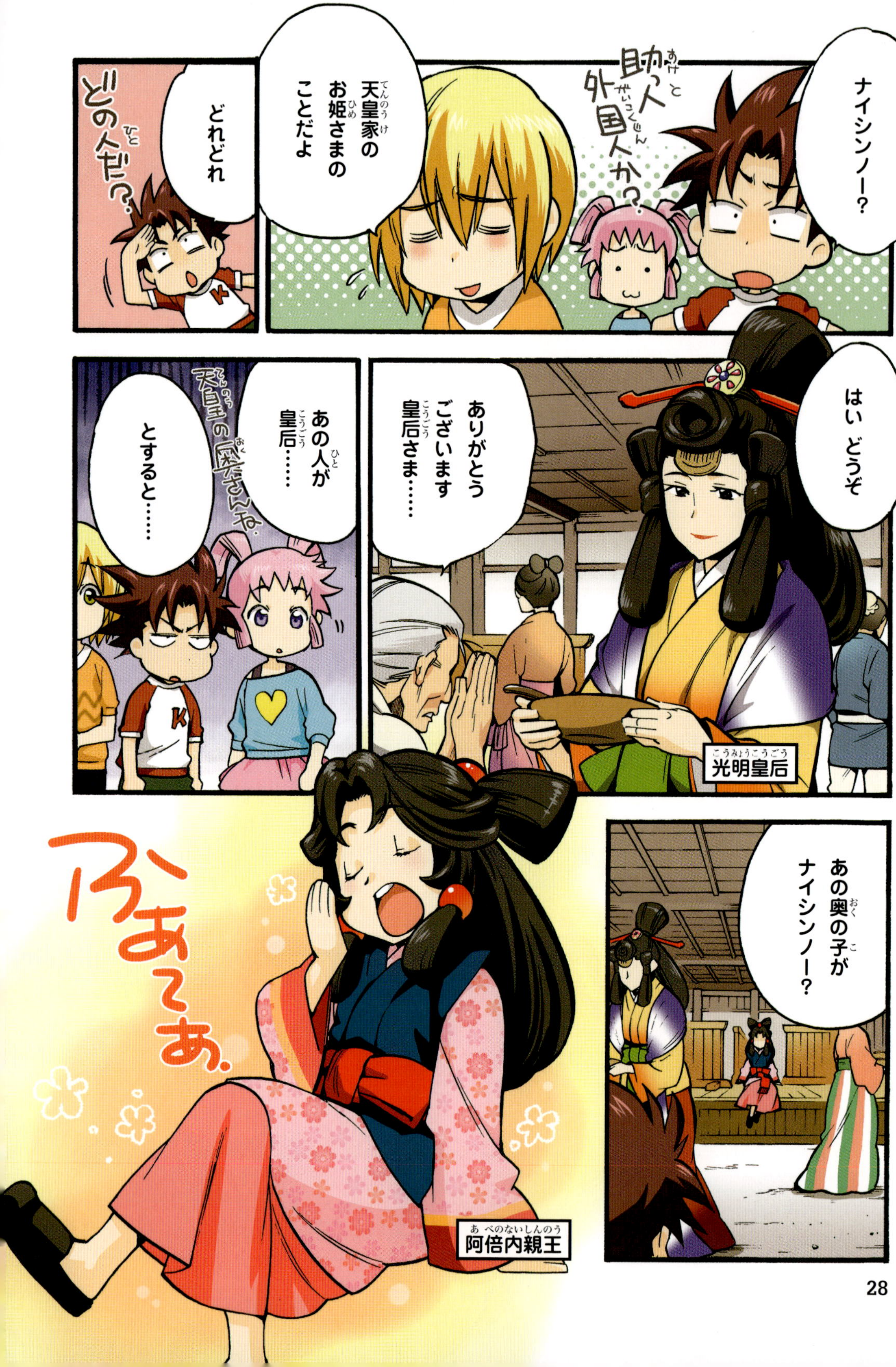
ナイシンノー？
助《あけ》っ人と外国人《がいこくじん》か？
天皇家《てんのうけ》のお姫《ひめ》さまのことだよ
どれどれ
どの人《ひと》だ？
はい どうぞ
ありがとうございます皇后《こうごう》さま……
あの人《ひと》が皇后《こうごう》……
天皇《てんのう》の奥《おく》さんね。
とすると……
光明皇后《こうみょうこうごう》
あの奥《おく》の子《こ》がナイシンノー？
ふあ～～あ。
阿倍内親王《あべのないしんのう》

これ
はしたない
ですよ
阿倍《あべ》
はーい
お母《かあ》さま
わたしもおなか
すいちゃった
それ食《た》べて
いい？
もう…
これは
困《こま》っている方々《かたがた》の
ためのものですよ
はーーい
ひょい
ぱくっ
何《なん》か……
お姫《ひめ》さまって
カンジじゃ
ねーな……
モグ
モグ
モグ…

あーあ
たいくつ……
お母《かあ》さまったら
病人《びょうにん》のお世話《せわ》なんて
何《なに》が楽《たの》しいのかしら
……外《そと》に遊《あそ》びに
いってみたいなぁ
ん？
もぐもぐ
スミマセン…
あの子《こ》
わたしに
似《に》てるかも!!
ピコーーーン
ニヤ…
ちょっと
お薬《くすり》取《と》って
くるわ
トトッ
たた…

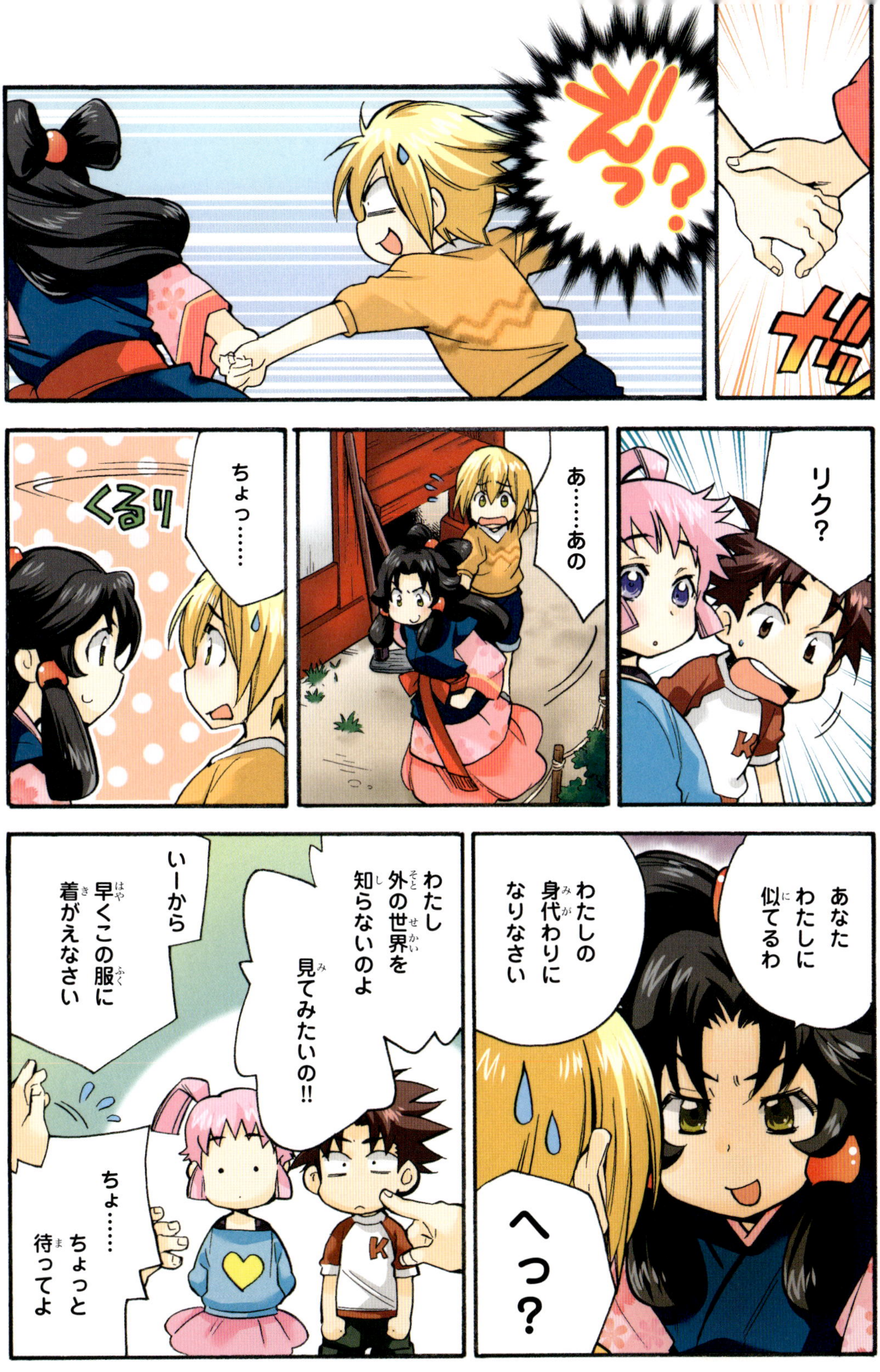
ぐいっ
ぞんっ？
リク？
あ……あの
ちょっ……
くるり
あなた
わたしに
似《に》てるわ
わたしの
身代《みが》わりに
なりなさい
へっ？
わたし
外《そと》の世界《せかい》を
知《し》らないのよ
見《み》てみたいの!!
いーから
早《はや》くこの服《ふく》に
着《き》がえなさい
ちょ……
ちょっと
待《ま》ってよ

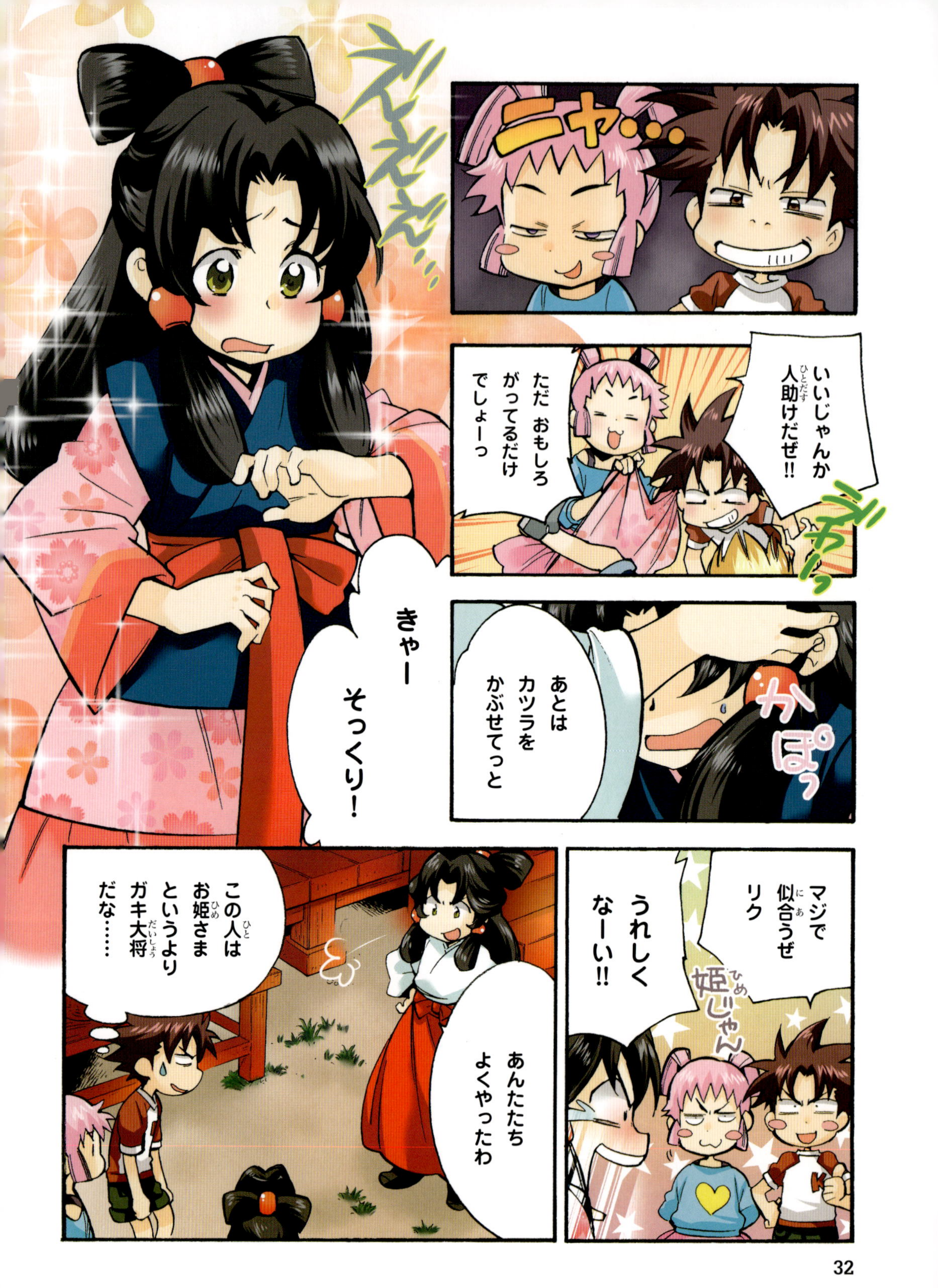
ニャ…
いいじゃんか人助《ひとだす》けだぜ!!
ただ おもしろがってるだけでしょーっ
あとはカツラをかぶせてっと
かぽっ
きゃー
そっくり!
マジで似合《にあ》うぜリク
うれしくなーい!!
姫《ひめ》じゃん
この人《ひと》はお姫《ひめ》さまというよりガキ大将《だいしょう》だな……
あんたたちよくやったわ

わたしは阿倍《あべ》よ
阿倍《あべ》ちゃんでいいわ
オレはカイ！
わたしはマリンよ
リクです……
阿倍内親王《あべのないしんのう》さま――
どこですかーっ
やば
あ
さっ
ヤバ…
こんなところにいらしたんですかあ
さ
病気《びょうき》の方々《かたがた》がお待《ま》ちですよ
ガッ
がんばれよ
リク!!
むー…
ムチャ振《ぶ》りだよぉ～
――うまくいったわ……

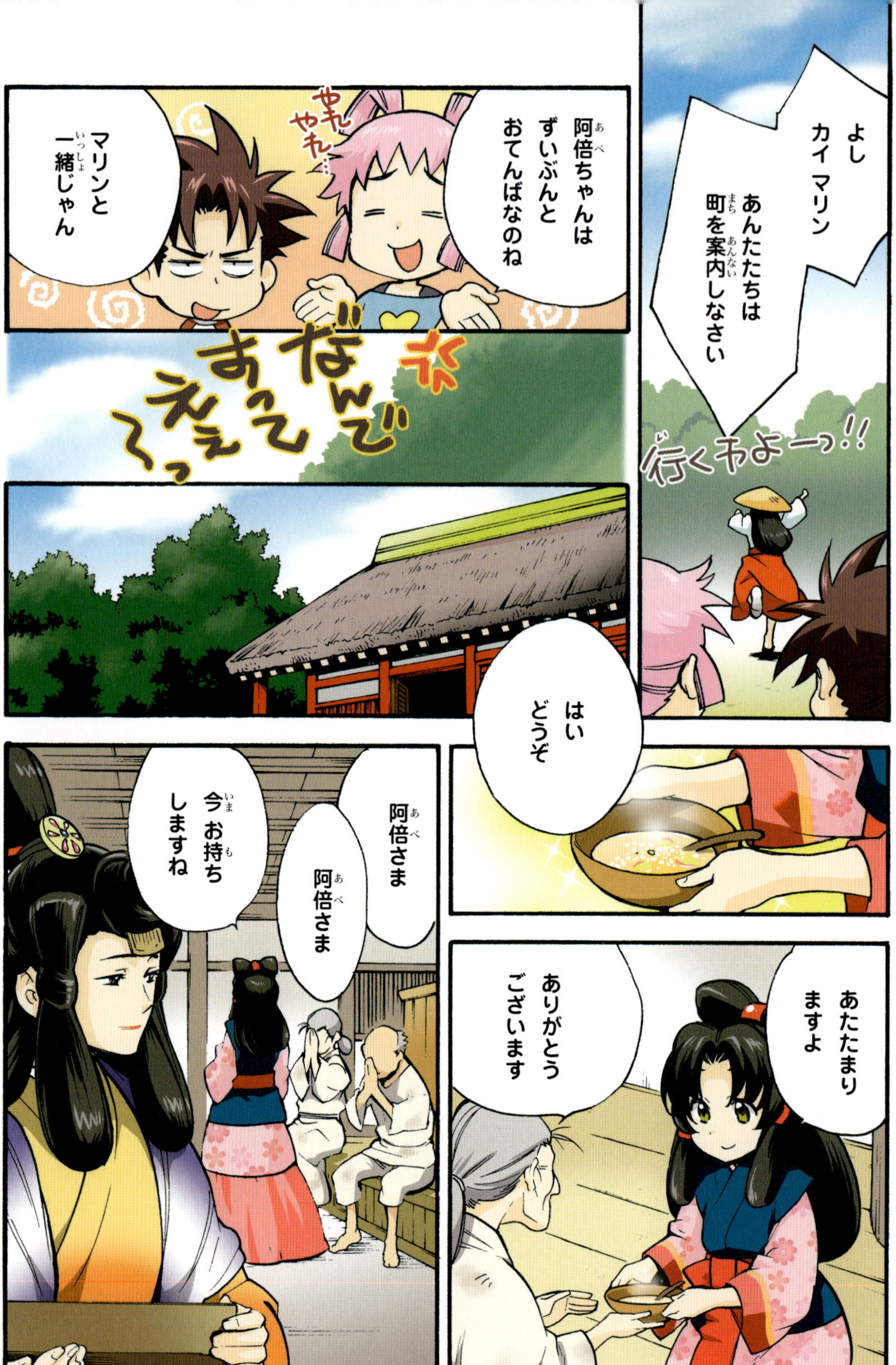
よし
カイマリン
あんたたちは
町《まち》を案内《あんない》しなさい
行くわよーっ!!
阿倍《あべ》ちゃんは
ずいぶんと
おてんばなのね
やれやれ…
マリンと
一緒《いっしょ》じゃん
なんですってええ〜っ
はい
どうぞ
あたたまり
ますよ
ありがとう
ございます
阿倍《あべ》さま
阿倍《あべ》さま
今《いま》お持《も》ち
しますね

あの子《こ》もやっと
わかってくれたのね
ホロリ…
体《からだ》が勝手《かって》に
動《うご》いちゃう
なあ
よいしょ…
だって みんな
こんなに喜《よろこ》んで
くれるんだ
もん……
とはいえー
ちょ……
ちょっと薬草《やくそう》取《と》りに
いってきます
やっぱ 戻《もど》って
きてないか……
あれが……
内親王《ないしんのう》か

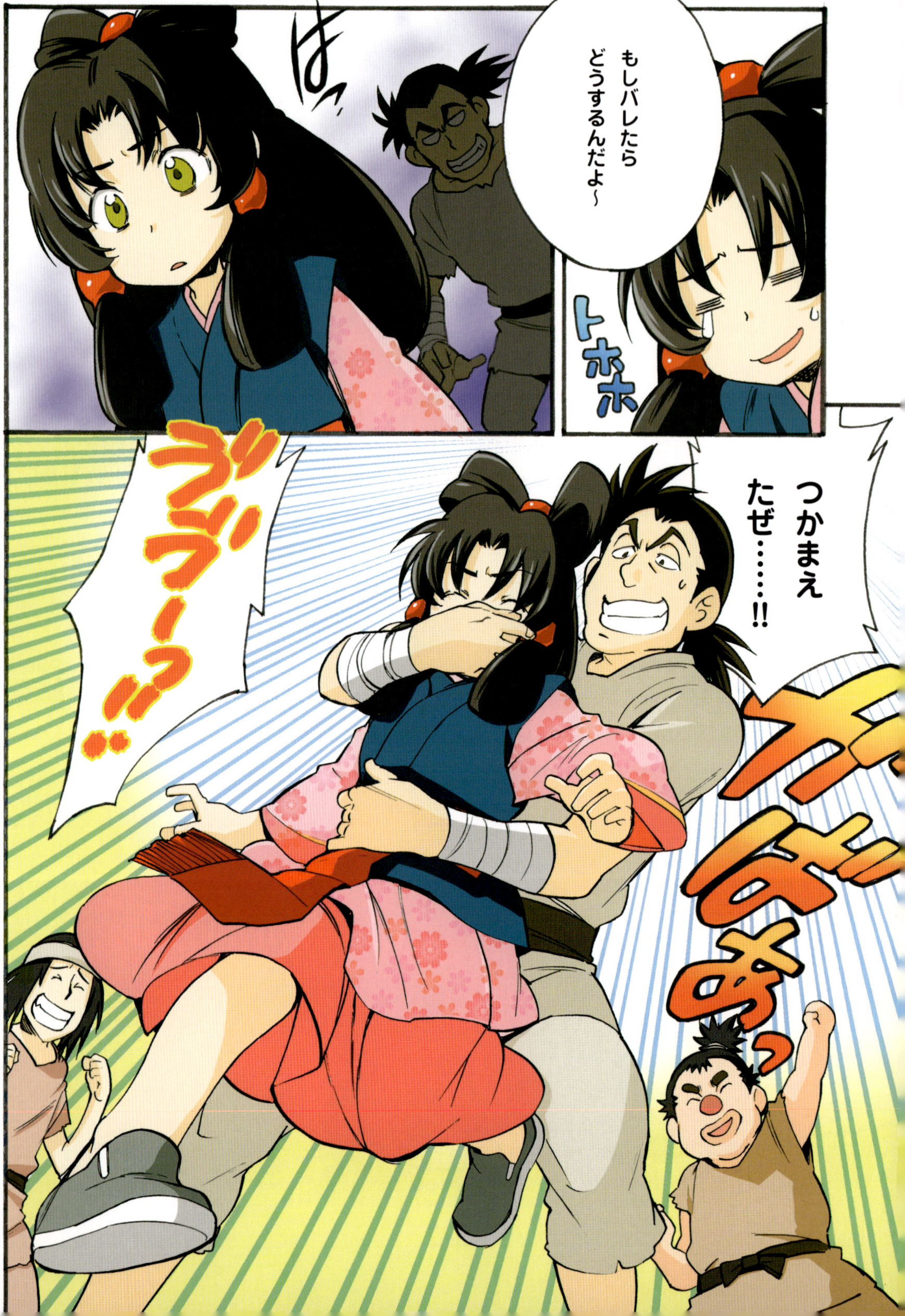
はっ
もしバレたら
どうするんだよ～
トホホ
つかまえたぜ……!!

これで身代金《みのしろきん》をたんまりちょうだいできるぜ
んんーっ
何《なに》かしら……
ぎょっ
んーっ んーっ
おっと…
裏《うら》のほうから物音《ものおと》が……
内親王《ないしんのう》はいただいたぜ
んーっ
きゃあああ・
阿倍内親王《あべのないしんのう》さまが――っ

# 奈良《なら》時代《じだい》の農民《のうみん》の暮《く》らし

## ①重《おも》い税《ぜい》に苦《くる》しめられていた！

奈良《なら》時代《じだい》の農民《のうみん》には、決《き》まった量《りょう》の稲《いね》を税《ぜい》として納《おさ》める「租《そ》」をはじめとして、特《とく》に男性《だんせい》にはさまざまな税《ぜい》の負担《ふたん》がありました。また、その税《ぜい》を何日《なんにち》もかけて都《みやこ》まで運《はこ》ぶのも農民《のうみん》でした。

特《とく》にたいへんだったのが、働《はたら》き盛《ざか》りの男性《だんせい》が、兵士《へいし》や労働者《ろうどうしゃ》としてかり出《だ》されることでした。残《のこ》された人《ひと》たちは、かり出《だ》された男性《だんせい》の分《ぶん》の農地《のうち》も耕《たがや》して、租《そ》を納《おさ》めなくてはなりませんでした。

| | |
|---|---|
| 租《そ》 | 収穫《しゅうかく》した稲《いね》の約《やく》3％を納《おさ》める |
| 調《ちょう》 | 各地方《かくちほう》の特産物《とくさんぶつ》などを納《おさ》める |
| 庸《よう》 | 都《みやこ》で10日間《とおかかん》働《はたら》くかわりに布《ぬの》などを納《おさ》める |
| 雑徭《ぞうよう》 | 1年《ねん》に最大《さいだい》60日《にち》、土木工《どぼくこう》事《じ》や雑用《ざつよう》などで働《はたら》く |
| 兵役《へいえき》 | 21～60歳《さい》の男《おとこ》のうち3分《ぶん》の1は兵《へい》にとられる |

このほかにも、政府《せいふ》から借《か》りた稲《いね》に高《たか》い利息《りそく》をつけて返《かえ》す「出挙《すいこ》」や、凶作《きょうさく》に備《そな》えて粟《あわ》を納《おさ》める「義倉《ぎそう》」などがあった

### もの知《し》りコラム

### 生活《せいかつ》の苦《くる》しさをうたった「貧窮問答歌《ひんきゅうもんどうか》」

「貧窮問答歌《ひんきゅうもんどうか》」は、歌人《かじん》で役人《やくにん》の山上憶良《やまのうえのおくら》が、当時《とうじ》の貧《まず》しい農民《のうみん》の生活《せいかつ》の苦《くる》しさをうたったものです。奈良《なら》時代《じだい》に成立《せいりつ》したとされる歌集《かしゅう》『万葉集《まんようしゅう》』におさめられています。

◆◆◆

【現代語訳《げんだいごやく》】人並《ひとな》みに田畑《たはた》を耕《たがや》しているのに、綿《わた》もないぼろぼろの着物《きもの》を着《き》て、つぶれて傾《かたむ》いた家《いえ》の中《なか》で、地《じ》べたにわらを敷《し》き、父母《ふぼ》はわたしの頭《あたま》のほうで、妻《つま》と子《こ》は足元《あしもと》で、嘆《なげ》き悲《かな》しんでいる。

かまどには火《ひ》の気《け》もなく、米《こめ》を蒸《む》す道《どう》具《ぐ》にはクモの巣《す》がはり、飯《めし》を炊《た》くことも忘《わす》れてしまった。

ムチを持《も》った里長《さとおさ》の税《ぜい》を取《と》り立《た》てる声《こえ》が、寝《ね》ているところまで聞《き》こえてくる。生《い》きているのは、こんなにもつらいことなのか。

（「貧窮問答歌《ひんきゅうもんどうか》」から）

## ②農地《のうち》を捨《す》てて逃《に》げ出《だ》す農民《のうみん》もいた

当時《とうじ》の政府《せいふ》は、税《ぜい》を確実《かくじつ》に集《あつ》めるために、国民《こくみん》の名《めい》簿《ぼ》である戸籍《こせき》をつくっていました。当時《とうじ》の戸籍《こせき》は、女《じょ》性《せい》が男性《だんせい》よりも不自然《ふしぜん》なほど多《おお》いということがよくありました。平安初期《へいあんしょき》の戸籍《こせき》には、女性《じょせい》の割合《わりあい》が90％近《ちか》いものもあります。男性《だんせい》のほうが税《ぜい》の負担《ふたん》が重《おも》かったため、男《おとこ》の子《こ》を女《おんな》の子《こ》と偽《いつわ》って申告《しんこく》したからです。

重《おも》い税《ぜい》の負担《ふたん》にたえられず、農地《のうち》を捨《す》てて逃《に》げ出《だ》す農民《のうみん》も現《あらわ》れました。その中《なか》には、修行《しゅぎょう》もせず勝手《かって》にお坊《ぼう》さんになる人《ひと》や、貴族《きぞく》のもとに逃《に》げ込《こ》んで使用人《しようにん》になる人《ひと》もいました。

奈良時代《ならじだい》の農民《のうみん》の食事《しょくじ》
玄米《げんまい》に近《ちか》い白米《はくまい》に、おかずは青菜汁《あおなじる》と塩《しお》だけという質素《しっそ》なものだった
写真：奈良文化財研究所　料理復元：奥村彪生

もの知《し》りコラム

### 家族《かぞく》と遠《とお》く離《はな》れて単身赴任《たんしんふにん》
### 3年間《ねんかん》の「防人《さきもり》」

「防人《さきもり》」は、九州北部《きゅうしゅうほくぶ》を守《まも》る3年間《ねんかん》の兵役《へいえき》で、おもに東国《とうごく》（関東周辺《かんとうしゅうへん》）の農民《のうみん》がかり出《だ》されました。兵士《へいし》の装備《そうび》や食《しょく》事《じ》も自前《じまえ》で用意《ようい》しなければなりませんでした。『万葉集《まんようしゅう》』には、防人《さきもり》のつらさをよんだ歌《うた》がたくさんおさめられています。

◆　◆　◆

から衣《ころも》　すそに取《と》りつき　泣《な》く子《こ》らを
置《お》きてそ来《き》ぬや　母《おも》なしにして

【現代語訳《げんだいごやく》】すそに取《と》りついて泣《な》く子《こ》どもたちを置《お》いてきてしまった。子《こ》どもたちには、母親《ははおや》もいないというのに。

# 3章《しょう》

# 庶民《しょみん》の暮《く》らしはけっこうハード

冒険《ぼうけん》がわたしを待《ま》ってるわ〜〜!!
どっかで聞《き》いたようなセリフね……
阿倍《あべ》ちゃんは自由《じゆう》に外《そと》に出《で》られないの?
ええ!!
外《そと》へ出《で》たくて今《いま》までいろんな作戦《さくせん》を考《かんが》えたものよ……
作戦《さくせん》?
宮中《きゅうちゅう》にヘビをばらまいて騒《さわ》ぎを起《お》こしてみようかなとか
地面《じめん》に穴《あな》を掘《ほ》って脱出《だっしゅつ》しようかなとか
足元《あしもと》の草《くさ》を結《むす》んでおけば追《お》っ手《て》がひっかかるかなとか
すげェお姫《ひめ》さまだな……

ん?
何《なに》コレ
馬小屋《うまごや》か何《なに》かかしら……
ここ人《ひと》の家《いえ》なのー?
あ…阿倍《あべ》ちゃん!!
すごいわ……
こんな小《ちい》さくてカワイイところに住《す》んでいるなんて
はっ?

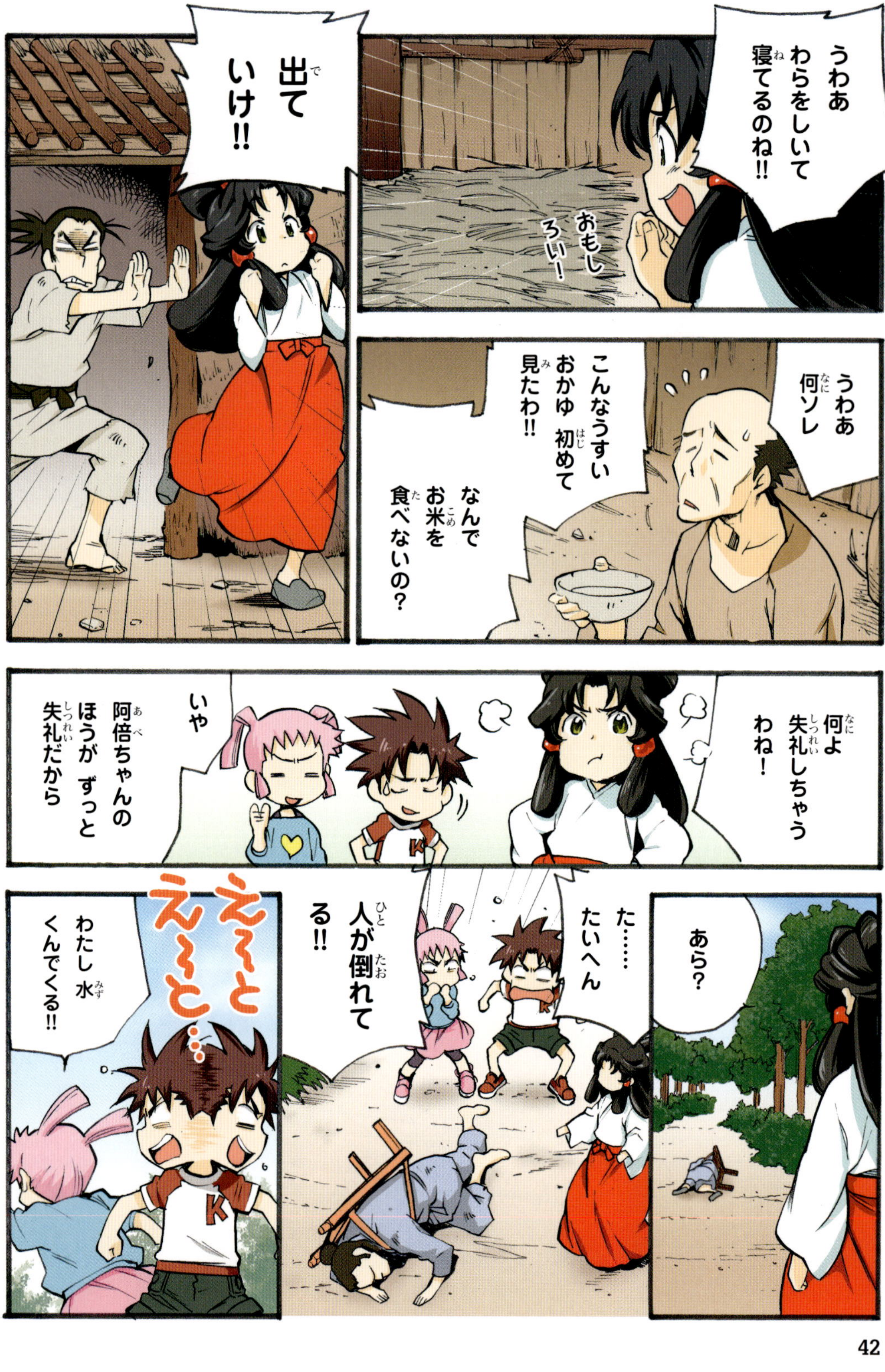
うわあ わらをしいて 寝《ね》てるのね!!
おもしろい!
出《で》て いけ!!
うわあ 何《なに》ソレ
こんなうすい おかゆ 初《はじ》めて 見《み》たわ!!
なんで お米《こめ》を 食《た》べないの?
何《なに》よ 失礼《しつれい》しちゃうわね!
いや
阿倍《あべ》ちゃんのほうが ずっと 失礼《しつれい》だから
あら?
た……たいへん
人《ひと》が倒《たお》れてる!!
え〜と え〜と…
わたし 水《みず》くんでくる!!

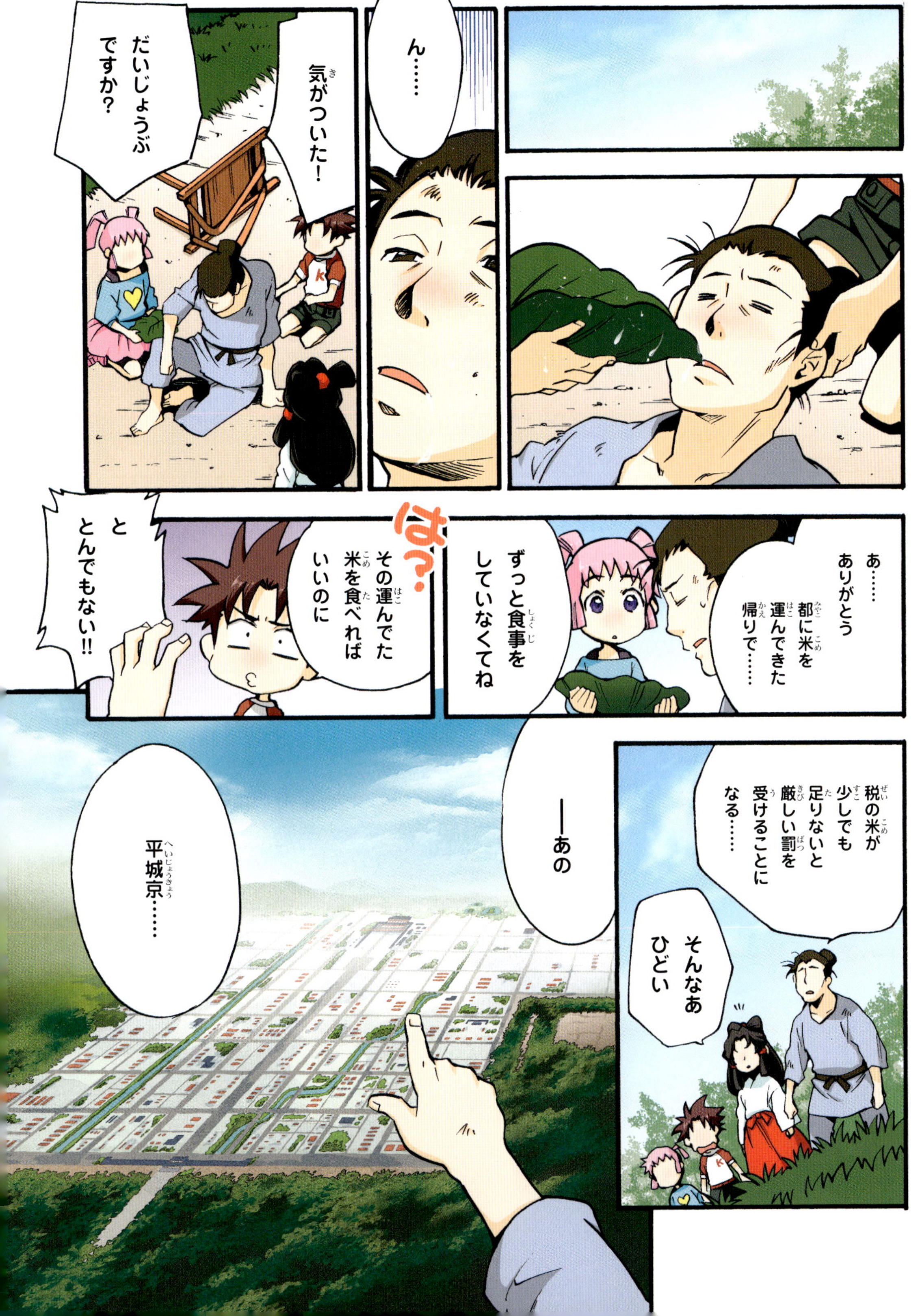
ん……
気《き》がついた!
だいじょうぶですか?
あ……ありがとう
都《みやこ》に米《こめ》を運《はこ》んできた帰《かえ》りで……
ずっと食事《しょくじ》をしていなくてね
はっ?
その運《はこ》んでた米《こめ》を食《た》べればいいのに
と とんでもない!!
税《ぜい》の米《こめ》が少《すこ》しでも足《た》りないと厳《きび》しい罰《ばつ》を受《う》けることになる……
そんなあひどい
——あの
平城京《へいじょうきょう》……

あそこに住《す》む天皇《てんのう》や貴族《きぞく》たちは
こうやって命《いのち》がけで納《おさ》めた税《ぜい》で
ぜいたくな暮《く》らしをしているんだ……
えーっと税《ぜい》ってのが米《こめ》で天皇《てんのう》がそれでぜいたくを……？
と……とにかくこの先《さき》に食《た》べ物《もの》をくれるところがあるから
それはありがたい
がんばれおじいさん!!
よかったな！
阿倍《あべ》ちゃん……？

わたし知《し》らなかった
みんなが貧乏《びんぼう》で苦《くる》しんでいたのは
わたしたちのせいだったんだ……
そうか……阿倍《あべ》ちゃんは天皇家《てんのうけ》の姫《ひめ》だから
ぜいたくしているのか
なるほど…
カイ!!
ゴッ
施薬院《せやくいん》へ戻《もど》るわ
もういいの??
へ?
大切《たいせつ》なことを知《し》ることができたわ
外《そと》の世界《せかい》を見《み》る手伝《てつだ》いをしてくれて
ありがとう

やっぱ冒険《ぼうけん》って大事《だいじ》だよな
んじゃ戻《もど》るか
リクのやつうまくやってるかな
ざわざわ
……
このさわぎはまさか……
阿倍《あべ》さまが誘拐《ゆうかい》された!!
まだそう遠《とお》くへは行《い》っていないはず
阿倍《あべ》さまを捜《さが》せ!!

誘拐《ゆうかい》!?
ザッ
わたしはここにいるわ!!
ズっ?
阿倍《あべ》さま
阿倍《あべ》さま
おまえたちが阿倍《あべ》さまを誘拐《ゆうかい》したんだな!!
切《き》り捨《す》ててくれるわ!!
ちょちょ待《ま》って!!!
ド……

ドッキリでした～
テヘッ
みんなびっくりさせちゃってごめんね♪
阿倍《あべ》ちゃん
ガッし
ズシン
ズシン
ズシン
阿倍《あべ》さまいたずらが過《す》ぎます
お母《かあ》さまに厳《きび》しくしかっていただきましょうね

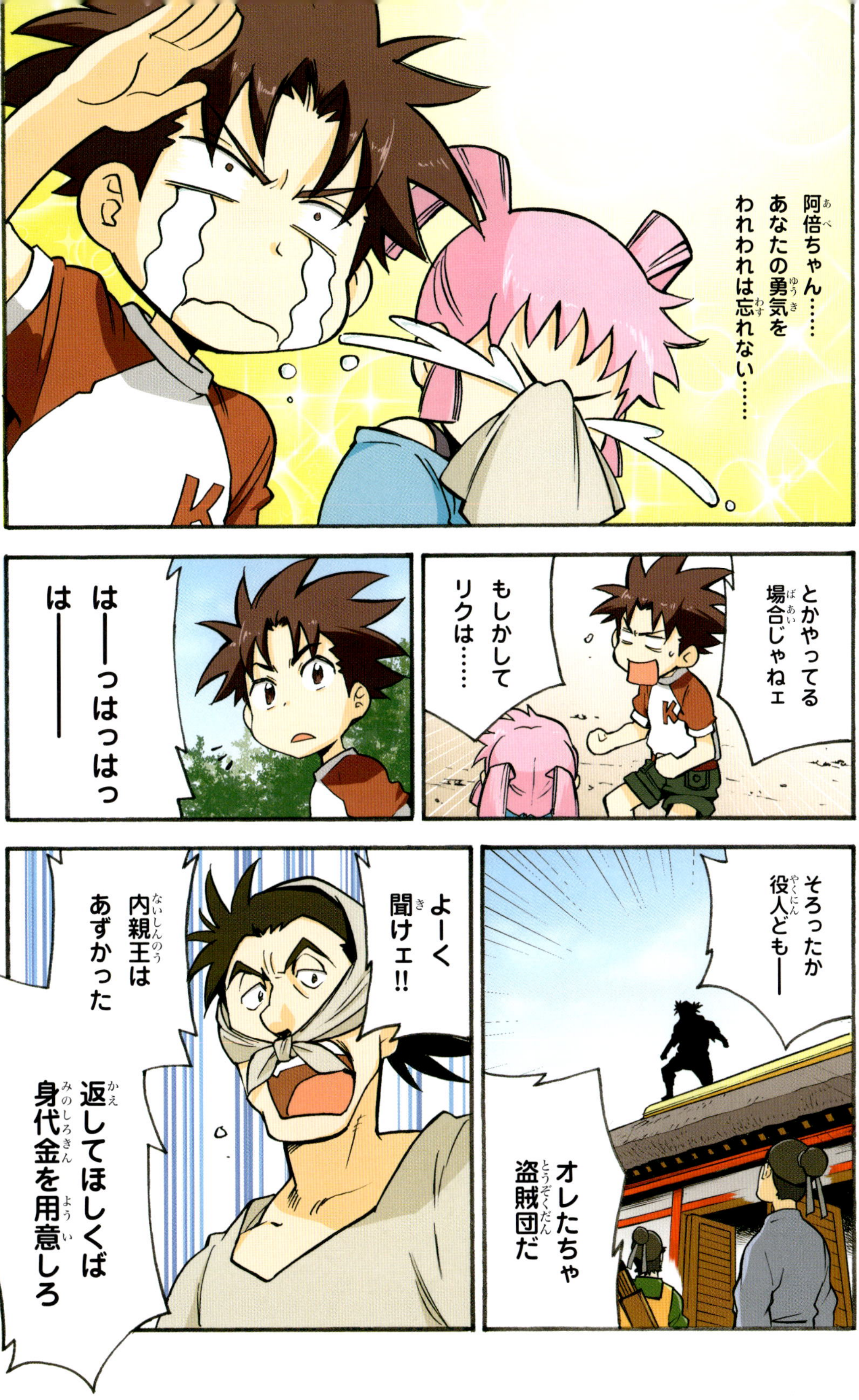
阿倍《あべ》ちゃん……
あなたの勇気《ゆうき》を
われわれは忘《わす》れない……
とかやってる場合《ばあい》じゃねェ
もしかしてリクは……
は――っはっはっ
は――――
そろったか役人《やくにん》ども――
オレたちゃ盗賊団《とうぞくだん》だ
よーく聞《き》けェ!!
内親王《ないしんのう》はあずかった
返《かえ》してほしくば身代金《みのしろきん》を用意《ようい》しろ

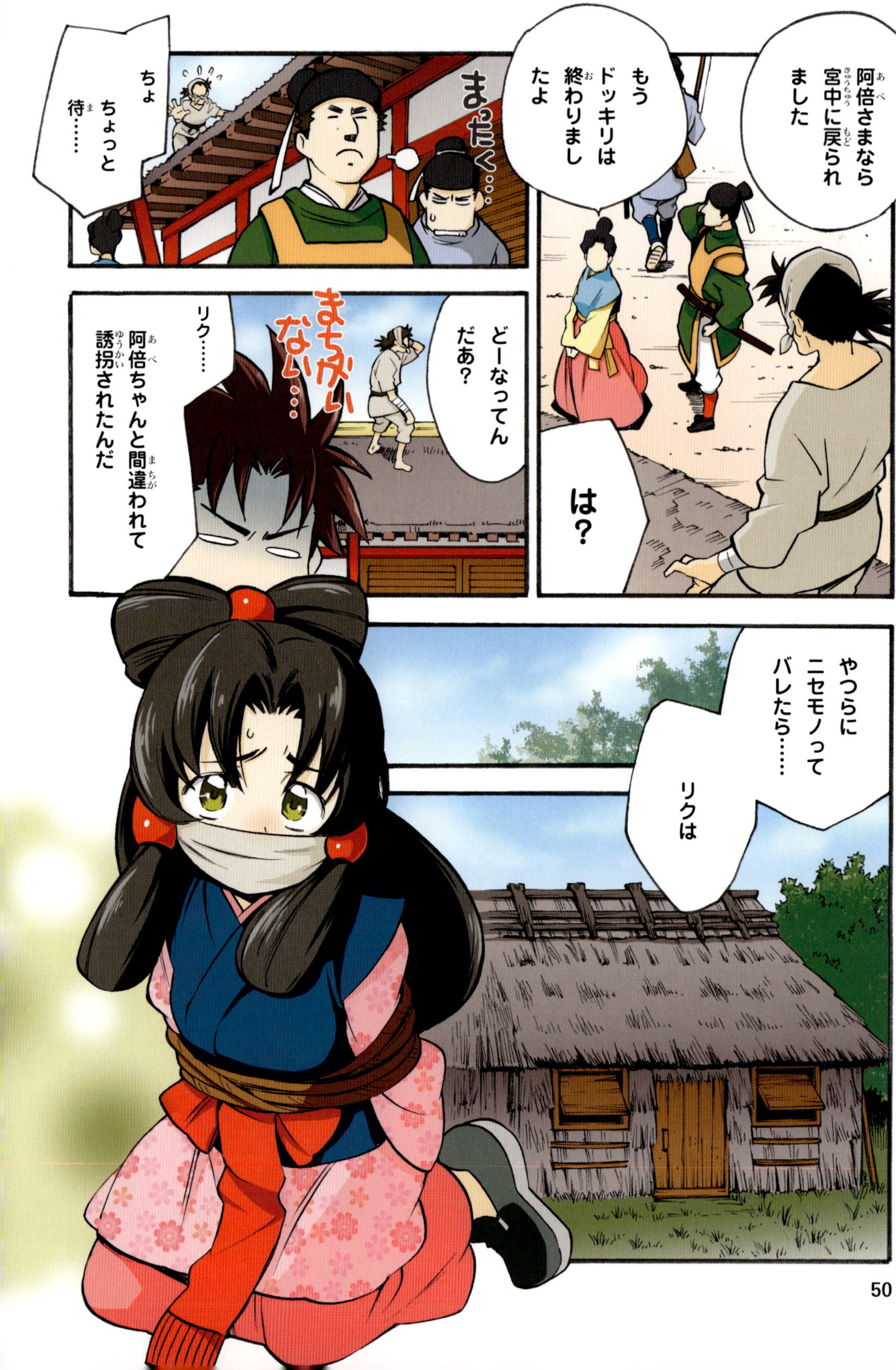
阿倍《あべ》さまなら宮中《きゅうちゅう》に戻《もど》られました
もうドッキリは終《お》わりましたよ
は？
まったく…
ちょ ちょっと待《ま》……
どーなってんだあ？
まちがいない…
リク……
阿倍《あべ》ちゃんと間違《まちが》われて誘拐《ゆうかい》されたんだ
やつらにニセモノってバレたら……
リクは

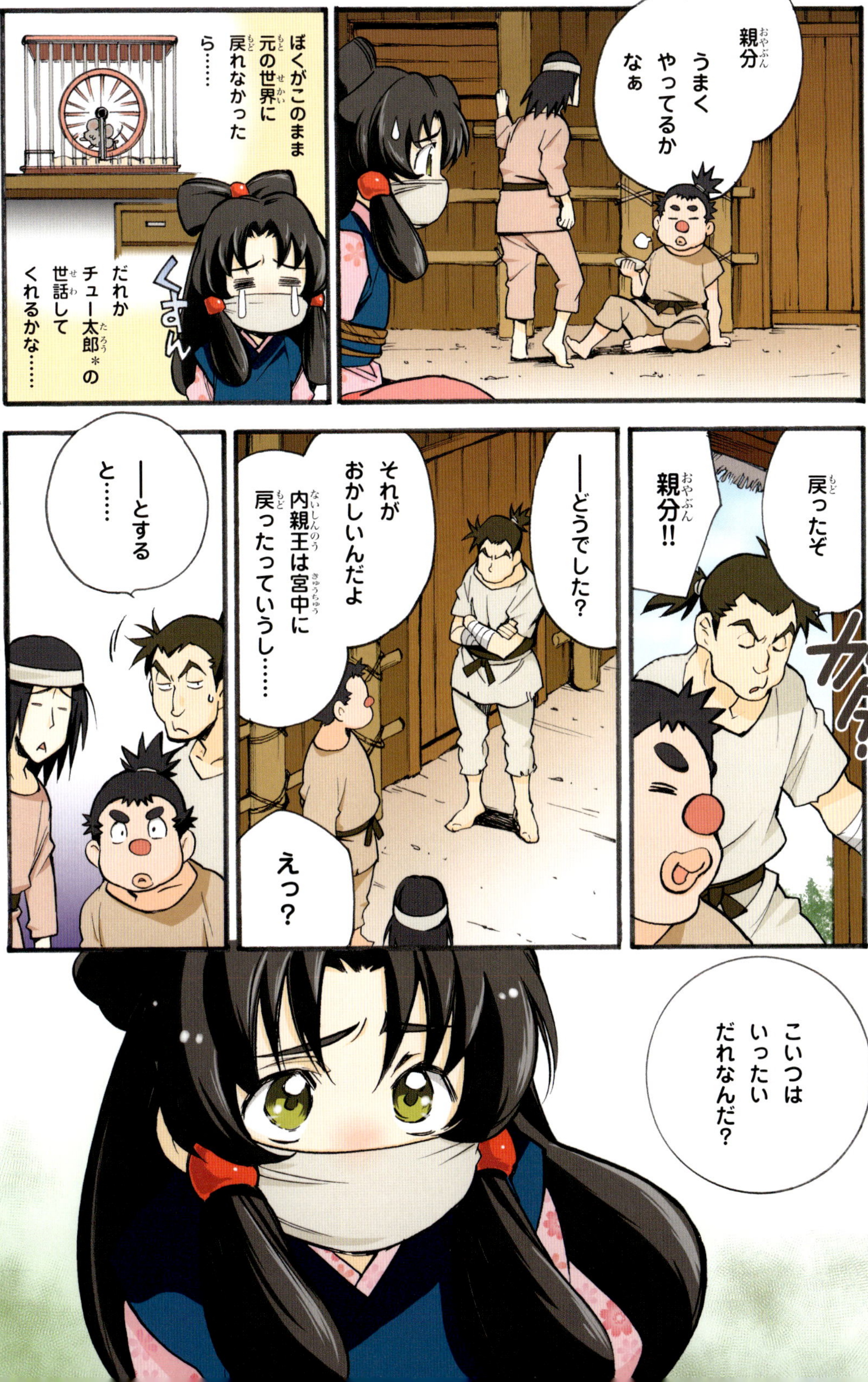
親分《おやぶん》うまくやってるかなぁ
ぼくがこのまま元《もと》の世界《せかい》に戻《もど》れなかったら……
くすん
だれかチュー太郎《たろう》＊の世話《せわ》してくれるかな……
戻《もど》ったぞ
親分《おやぶん》!!
ガタ!
ーーどうでした?
それがおかしいんだよ内親王《ないしんのう》は宮中《きゅうちゅう》に戻《もど》ったっていうし……
えっ?
ーーとすると……
こいつはいったいだれなんだ?

＊チュー太郎《たろう》は、リクのペット。「飛鳥時代《あすかじだい》へタイムワープ」を見《み》てね

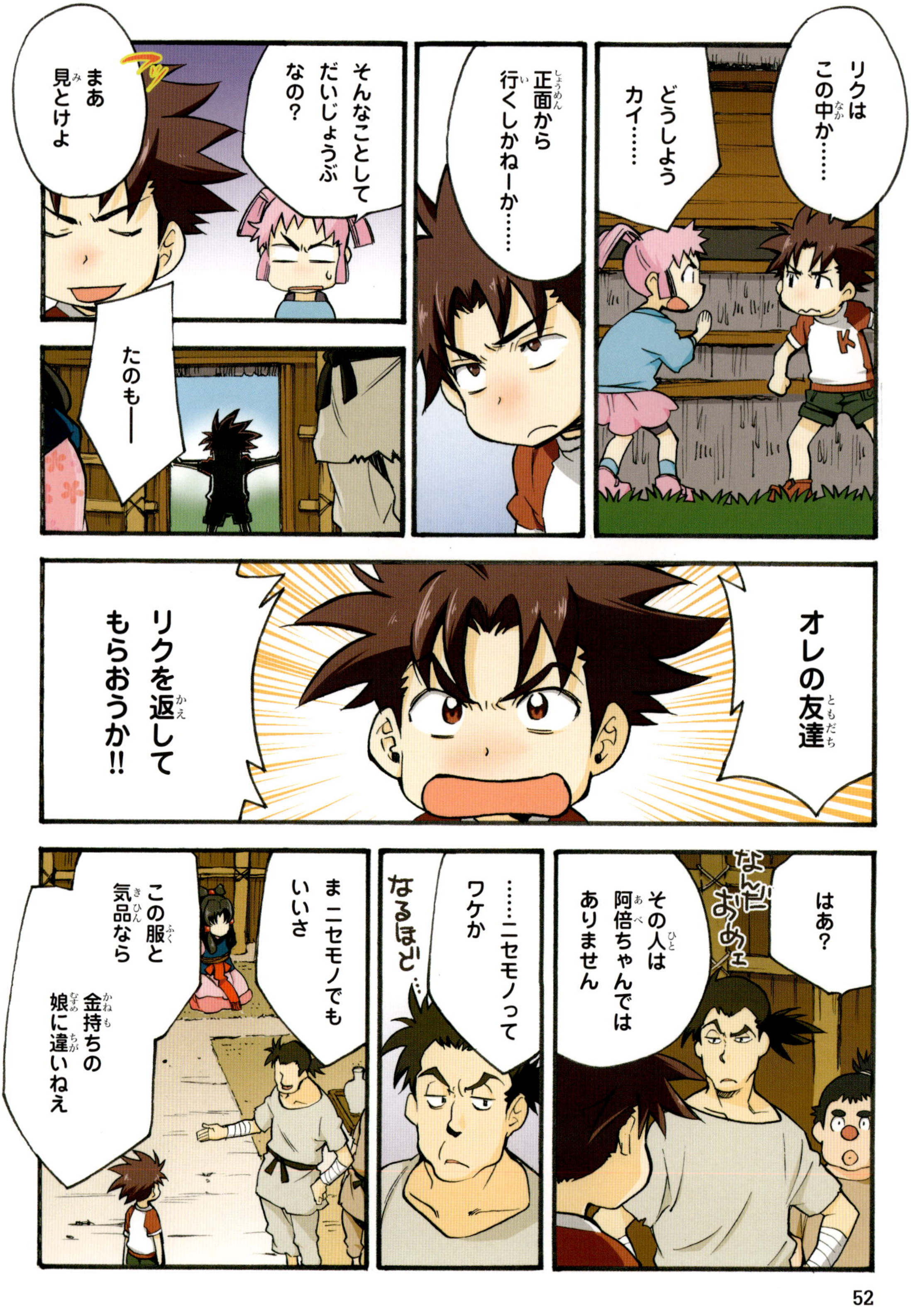
リクは この中《なか》か……
どうしよう カイ……
正面《しょうめん》から 行《い》くしかねーか……
そんなことして だいじょうぶ なの？
まあ 見《み》とけよ
たのもー
オレの友達《ともだち》 リクを返《かえ》して もらおうか!!
はあ？
なんだ おめェ
その人《ひと》は 阿倍《あべ》ちゃんでは ありません
……ニセモノって ワケか
なるほど…
まニセモノでも いいさ
この服《ふく》と 気品《きひん》なら 金持《かねも》ちの 娘《むすめ》に違《ちが》いねえ

こいつの身内《みうち》を
探《さが》し出《だ》して
身代金《みのしろきん》を……
その人《ひと》は金持《かねも》ちでも
ありません
何《なに》イ!?
ごく
ありきたりな
一般庶民《いっぱんしょみん》です
そして
もうひとつ……
まだ
あんのかよ!!
その人《ひと》には
お○んちんが
ついております
娘《むすめ》でも
ねェ!!
…………

# 奈良時代《ならじだい》の貴族《きぞく》の暮《く》らし

## ① 貴族《きぞく》は、古代《こだい》の高級公務員《こうきゅうこうむいん》！

奈良時代《ならじだい》、国《くに》の公務員《こうむいん》（役人《やくにん》）の位《くらい》は、律令《りつりょう》でランクづけされていました。位《くらい》は30段階《だんかい》あり、そのうちの上《うえ》から14番目《ばんめ》までの役人《やくにん》とその家族《かぞく》が、貴族《きぞく》とよばれる人《ひと》たちです。

貴族《きぞく》は、平城京《へいじょうきょう》の中《なか》に広《ひろ》い住宅《じゅうたく》が与《あた》えられ、高《たか》い給料《きゅうりょう》をもらって優雅《ゆうが》な暮《く》らしをしていました。

**奈良時代《ならじだい》の貴族《きぞく》の親子《おやこ》**
奈良時代《ならじだい》の貴族《きぞく》の服装《ふくそう》は、当時《とうじ》の先進国《せんしんこく》だった唐《とう》の影響《えいきょう》を強《つよ》く受《う》けている
奈良文化財研究所蔵

**奈良時代《ならじだい》の貴族《きぞく》の食事《しょくじ》**
全国《ぜんこく》から運《はこ》ばれた食材《しょくざい》をつかった、豪華《ごうか》な食事《しょくじ》
①焼《や》きアワビ ②野菜《やさい》の炊《た》き合《あ》わせ ③車《くるま》エビの塩焼《しおや》き ④干《ほ》したタコ
⑤生《なま》ガキ ⑥蓮《はす》の実入《みい》りご飯《はん》 ⑦鴨《かも》とセリの汁《しる》
写真：奈良文化財研究所　料理復元：奥村彪生

## ②華《はな》やかさの裏《うら》にひそむ格差社会《かくさしゃかい》

役人《やくにん》の給料《きゅうりょう》は、位《くらい》が上《あ》がるごとにはね上《あ》がりました。最上位《さいじょうい》の役人《やくにん》の年収《ねんしゅう》を現在《げんざい》のお金《かね》に換算《かんさん》すると、なんと、ほぼ4億円《おくえん》。現在《げんざい》の総理大臣《そうりだいじん》の年収《ねんしゅう》が約《やく》4千万《せんまん》円《えん》なので、およそ10倍《ばい》です。

奈良時代《ならじだい》のトップランクの貴族《きぞく》・長屋王《ながやおう》は、冷蔵庫《れいぞうこ》もない時代《じだい》、暑《あつ》い日《ひ》に氷《こおり》を取《と》り寄《よ》せたり、当時貴重《とうじきちょう》だった米《こめ》をペットのツルやイヌにも食《た》べさせたりと、優雅《ゆうが》な暮《く》らしをしていたことがわかっています。

これらの貴族《きぞく》や役人《やくにん》に与《あた》えられる給料《きゅうりょう》は、全国《ぜんこく》の農《のう》民《みん》が苦労《くろう》して納《おさ》めた税《ぜい》から支払《しはら》われていました。

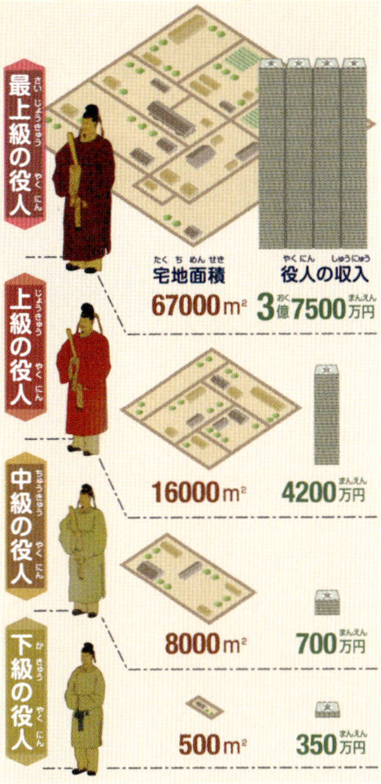

最上級《さいじょうきゅう》の役人《やくにん》
上級《じょうきゅう》の役人《やくにん》
中級《ちゅうきゅう》の役人《やくにん》
下級《かきゅう》の役人《やくにん》
宅地面積《たくちめんせき》
役人《やくにん》の収入《しゅうにゅう》
67000m²
3億《おく》7500万円《まんえん》
16000m²
4200万円《まんえん》
8000m²
700万円《まんえん》
500m²
350万円《まんえん》

※「平城京展」図録（1989年）から再構成

図版作成：枝常暢子

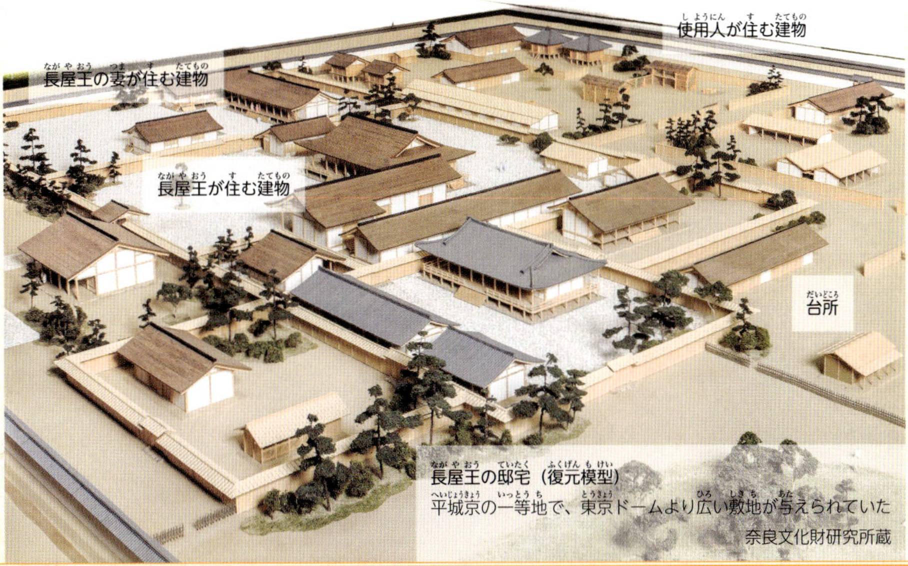

使用人《しようにん》が住《す》む建物《たてもの》
長屋王《ながやおう》の妻《つま》が住《す》む建物《たてもの》
長屋王《ながやおう》が住《す》む建物《たてもの》
台所《だいどころ》

長屋王《ながやおう》の邸宅《ていたく》（復元模型《ふくげんもけい》）
平城京《へいじょうきょう》の一等地《いっとうち》で、東京《とうきょう》ドームより広《ひろ》い敷地《しきち》が与《あた》えられていた
奈良文化財研究所蔵

# 4章《しょう》 リクの救出大作戦《きゅうしゅつだいさくせん》！

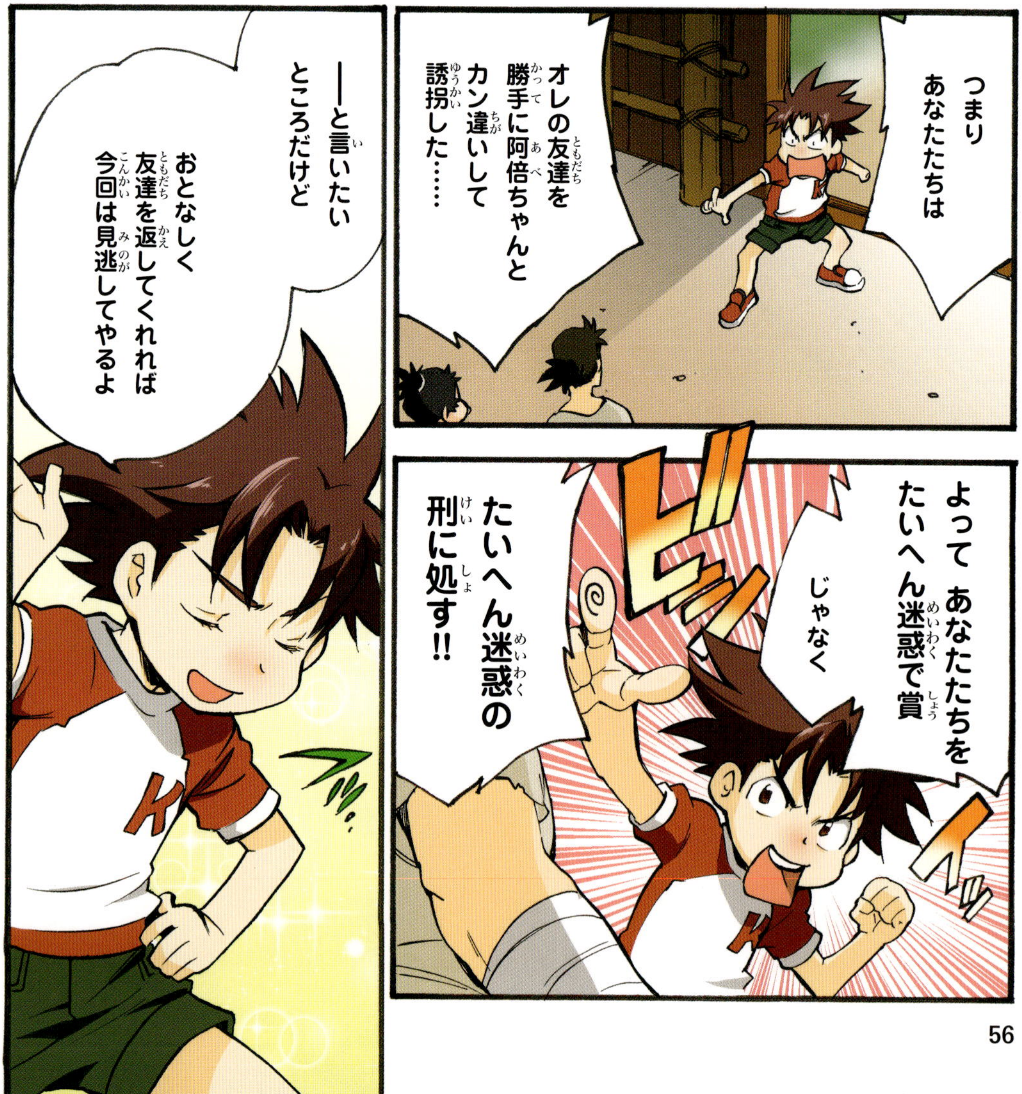

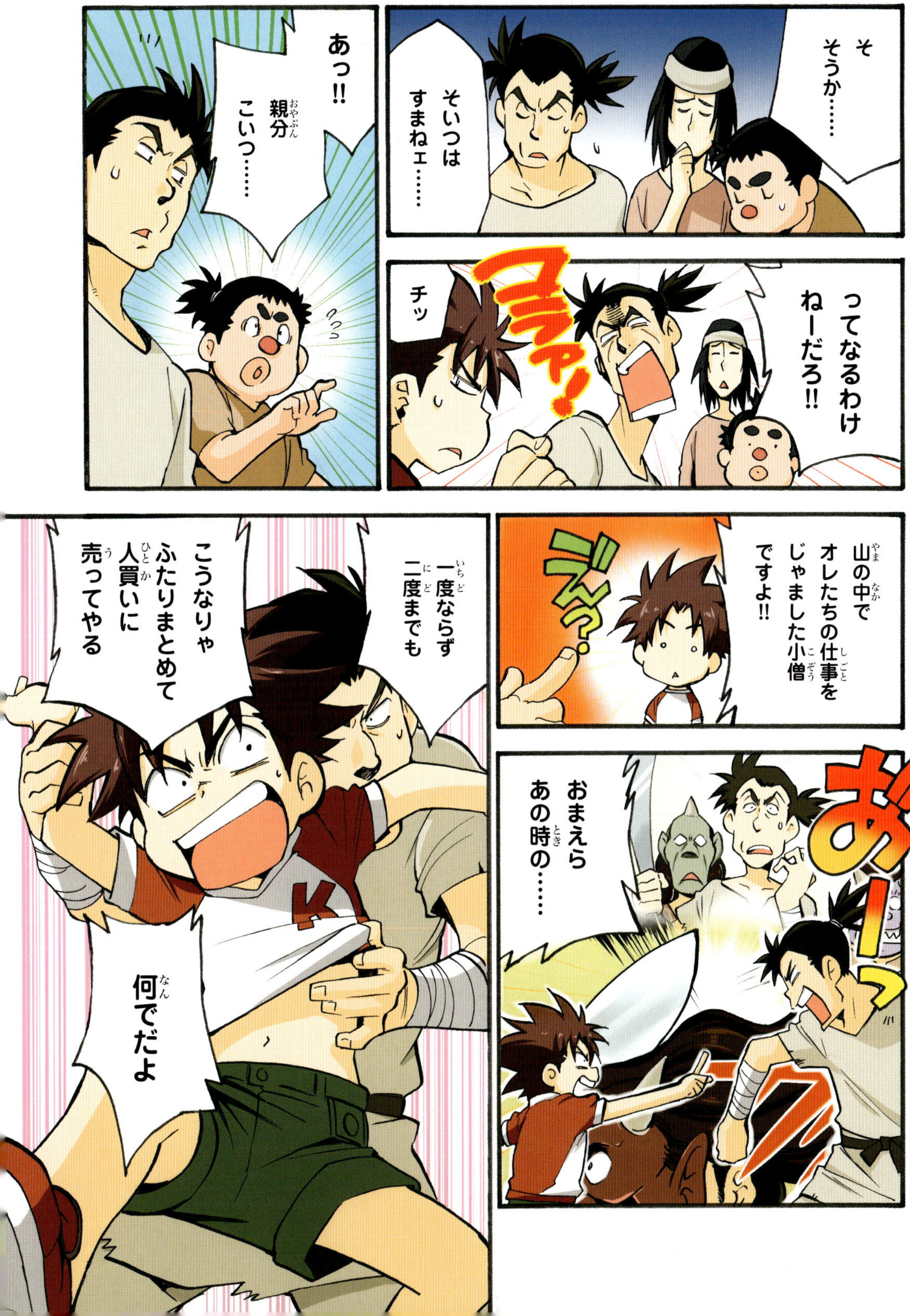

そ
そうか……
そいつはすまねェ……
あっ!!
親分《おやぶん》こいつ……
ってなるわけねーだろ!!
コラァ!
チッ
山《やま》の中《なか》でオレたちの仕事《しごと》をじゃました小僧《こぞう》ですよ!!
ごん?
おーっ
おまえらあの時《とき》の……
一度《いちど》ならず二度《にど》までも
こうなりゃふたりまとめて人買《ひとか》いに売《う》ってやる
何《なん》でだよ

はなせよ
このやろう!!
どた
おとなしく
しろ!!
ばた
カイ
どうなってるの?
つかまってる
――――!!
わたしひとりで
どうすれば……
ううん……
わたしが何《なん》とか
しないと!!
えーっと……
何《なに》かないかしら……
ん?
何《なに》かしら
コレ……

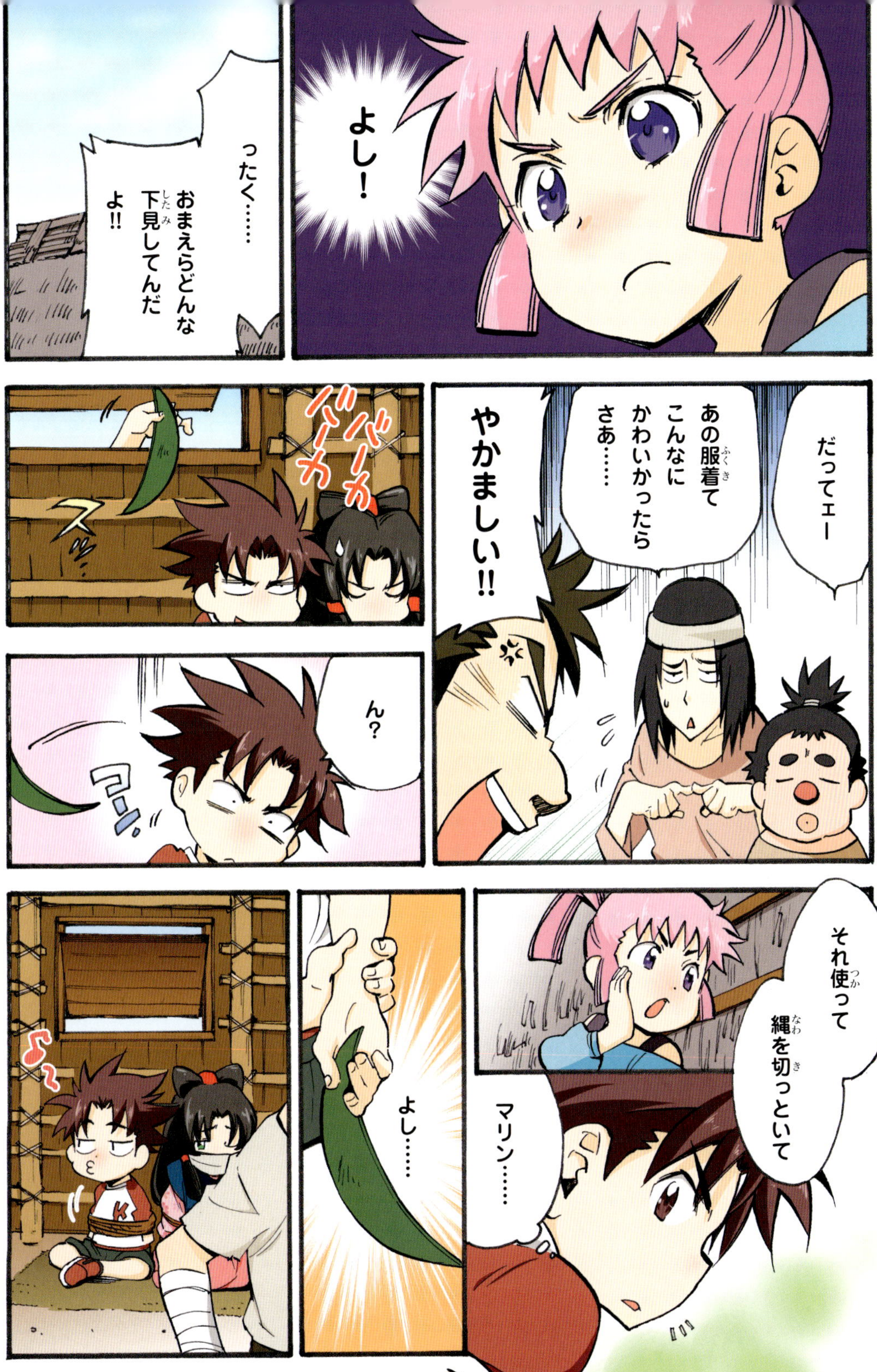
よし!
ったく……
おまえらどんな
下見《したみ》してんだ
よ!!
だってェー
あの服着《ふくき》て
こんなに
かわいかったら
さあ……
やかましい!!
バーカバーカ
ス
ん?
コーン
それ使《つか》って
縄《なわ》を切《き》っといて
マリン……
よし……

しょうがねえ 今《いま》すぐ人買《ひとか》いと交渉《こうしょう》に……
すみませ——ん
ったくだれだよ 次《つぎ》から次《つぎ》へと
んっ? だれもいないぞ?
うわー
えい!!

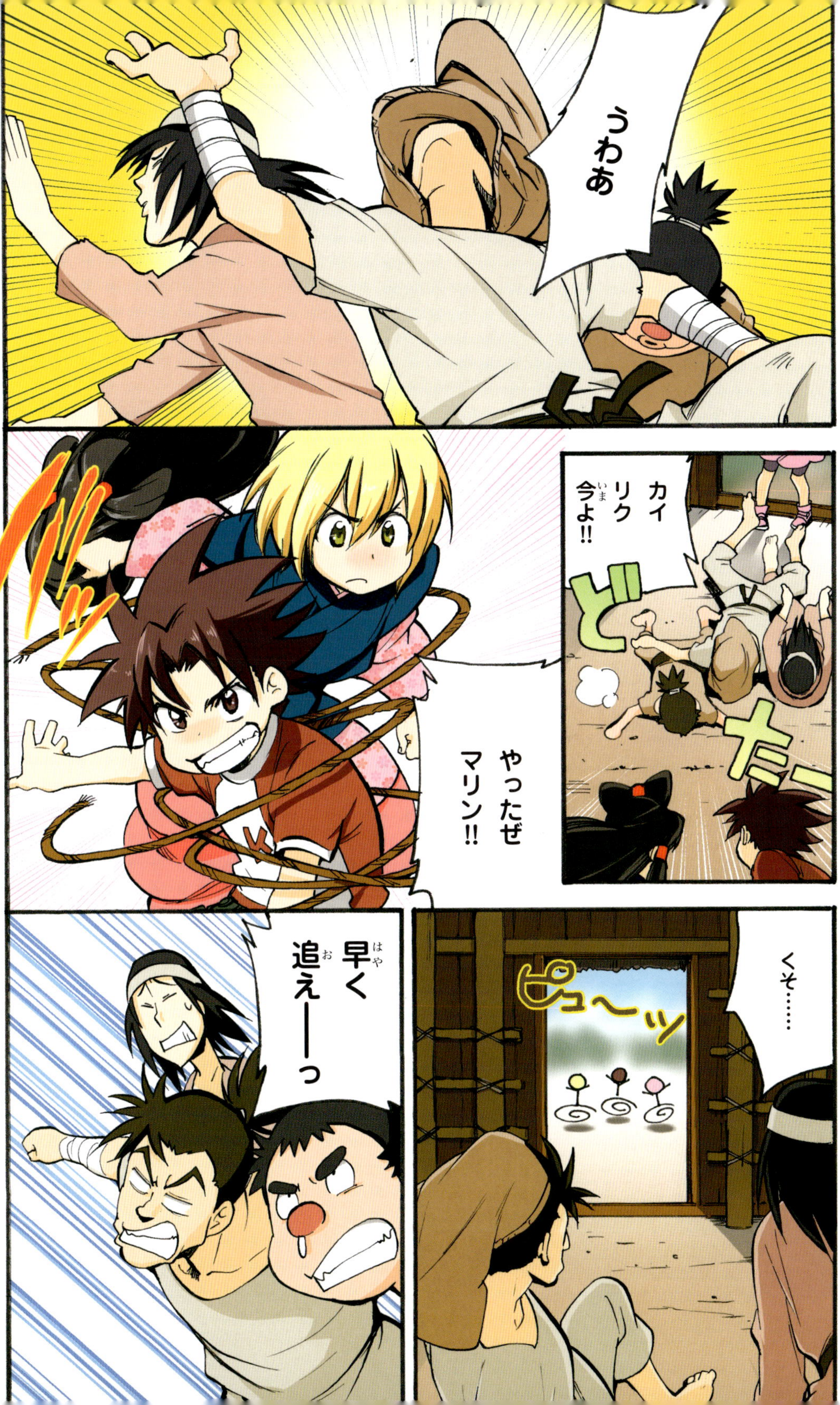

うわあ
カイ
リク
今《いま》よ!!
どど
たーー
やったぜ
マリン!!
くそ……
ピュ〜ッ
早《はや》く
追《お》えーーっ

ザザッ
しつこいな——
これでも……
ん？
くらえ〜!!
ビュン
ああ〜〜今《いま》の!!亀《かめ》さんのこうら……
ビタア…

いってぇ──
何《なん》だこりゃ
ん？
何《なん》であいつら
バカァ！
逃《に》げねぇんだ？
さては……
きさまら こいつが
必要《ひつよう》らしい な……

あっ
なるほど……
何《なん》だ?
土下座《どげざ》か?
かんねんしたようですね 親分《おやぶん》!
手《て》こずらせやがって……
まっ おかげで売《う》れる子《こ》どもがひとり増《ふ》えたぜ
ん?
バーカ
ペンペン

ブチィ
ザッ
きさまら
あああ
ゼターッ
クルクル〜
やったぜ!!
はっし

だっしゅ
くそー―
阿倍《あべ》ちゃん作戦《さくせん》成功《せいこう》ね!!
この作戦《さくせん》阿倍《あべ》ちゃんが考《かんが》えたの?
チャプ・・・
あの子《こ》たちだいじょうぶかのう……
おーい!
亀《かめ》じーさーんこうら見《み》つけてきたよー―
おっ
でかしたぞおまえたち
こら待《ま》てきさまらー――っ!!
ってどういう状況《じょうきょう》じゃ!
早《はや》く!!こうらをはめるんじゃ
ピタッ
ここか!

カッ
な
何《なん》だ!?
早《はや》く
つかまれ!!
な……
何《なに》……!?
ズァアアア

ヒュ
き……
消《き》えた……!?
やった!!
タイムワープできたじゃん!!
元《もと》の世界《せかい》に帰《かえ》れるの?
いや……こうらがそろっておらんから無理《むり》じゃろう
向《む》かう先《さき》はおそらく別《べつ》のこうらが落《お》ちている時代《じだい》……
え～～
また捜《さが》すのか
全部《ぜんぶ》見《み》つけないと帰《かえ》れないのかなぁ
あれ?
何《なん》だろう……
亀《かめ》さんに元気《げんき》がないような気《き》が……

あ〜あ…
1個《こ》見《み》つけんのも たいへんだったのに
あんたは 自業自得《じごうじとく》 でしょ
シュン
ええ!?
も!…
マリンが 暴《あば》れたから だろ!!
何《なん》ですって
リリ……リク カイが消《き》え ちゃった
こつぜん…
あれ? リク?
ええ〜〜
ふたりが 消《き》えちゃったあ〜〜!?

# 阿倍内親王《あべのないしんのう》と光明皇后《こうみょうこうごう》

## ① 聖武天皇《しょうむてんのう》の娘《むすめ》・阿倍内親王《あべのないしんのう》

阿倍内親王《あべのないしんのう》は、奈良《なら》の大仏《だいぶつ》をつくったことで有名《ゆうめい》な聖武天皇《しょうむてんのう》と、有力貴族《ゆうりょくきぞく》の藤原氏《ふじわらし》出身《しゅっしん》の光明皇后《こうみょうこうごう》のあいだに生《う》まれました。21歳《さい》の時《とき》に皇太子《こうたいし》（次《つぎ》の天皇《てんのう》になる資格《しかく》を持《も》つ人《ひと》）になりましたが、女性《じょせい》で皇太子《こうたいし》になったのは、日本《にほん》の歴史上《れきしじょう》で阿倍内親王《あべのないしんのう》1人《ひとり》だけです。32歳《さい》で孝謙天皇《こうけんてんのう》として即位《そくい》し、いったん位《くらい》を淳仁天皇《じゅんにんてんのう》に譲《ゆず》りますが、のちに、47歳《さい》で称徳天皇《しょうとくてんのう》として再《ふたた》び即位《そくい》しています。

奈良時代《ならじだい》のキーパーソン 1

**2度即位《どそくい》した女帝《じょてい》**

### 孝謙《こうけん》・称徳天皇《しょうとくてんのう》（阿倍内親王《あべのないしんのう》）

★生没年《せいぼつねん》718～770年《ねん》
孝謙天皇《こうけんてんのう》（在位《ざいい》749～758年《ねん》）、称徳天皇《しょうとくてんのう》（在位《ざいい》764～770年《ねん》）として、2度即位《どそくい》。天皇《てんのう》として、大仏開眼供養《だいぶつかいげんくよう》を執《と》り行《おこな》った。

もの知《し》りコラム

### 飛鳥《あすか》・奈良《なら》は「女帝《じょてい》の時代《じだい》」

日本《にほん》には、これまで女性天皇《じょせいてんのう》が8人《にん》いました（2人《ふたり》は2度即位《どそくい》しているので、代《だい》でいえば10代《だい》）。そのうち6人《にん》（8代《だい》）が、飛鳥《あすか》・奈良時代《ならじだい》に集中《しゅうちゅう》しています。

飛鳥時代《あすかじだい》～奈良時代《ならじだい》の天皇《てんのう》（赤色《あかいろ》は女性天皇《じょせいてんのう》）
推古《すいこ》—舒明《じょめい》—皇極《こうぎょく》—孝徳《こうとく》—斉明《さいめい》—天智《てんじ》—弘文《こうぶん》—天武《てんむ》—
持統《じとう》—文武《もんむ》—元明《げんめい》—元正《げんしょう》—聖武《しょうむ》—孝謙《こうけん》—淳仁《じゅんにん》—称徳《しょうとく》—
光仁《こうにん》—桓武《かんむ》
＝（阿倍内親王《あべのないしんのう》）＝

## ② 光明皇后《こうみょうこうごう》は、民間人初《みんかんじんはつ》の皇后《こうごう》

光明皇后《こうみょうこうごう》は、奈良時代《ならじだい》の大政治家《だいせいじか》・藤原不比等《ふじわらのふひと》の娘《むすめ》で、天皇家出身以外《てんのうけしゅっしんいがい》、いわば民間人《みんかんじん》で初《はじ》めて皇后《こうごう》になった人《ひと》です。皇后《こうごう》とは天皇《てんのう》の正式《せいしき》な妻《つま》の位《くらい》で、天皇《てんのう》とともに政治《せいじ》を動《うご》かす大《おお》きな権力《けんりょく》を持《も》っていました。

光明皇后《こうみょうこうごう》は、当時《とうじ》の歴史書《れきししょ》には「頭《あたま》がよく慈悲深《じひぶか》い」と記《しる》されています。福祉《ふくし》にも力《ちから》を入《い》れ、「施薬院《せやくいん》」「悲田院《ひでんいん》」という施設《しせつ》をつくりました。「施薬院《せやくいん》」は貧《まず》しい人《ひと》のための病院《びょういん》、「悲田院《ひでんいん》」は身寄《みよ》りのない人《ひと》のための養護施設《ようごしせつ》です。

奈良時代《ならじだい》のキーパーソン 2

民間人《みんかんじん》で初《はじ》めて皇后《こうごう》になった

### 光明皇后《こうみょうこうごう》

★生没年《せいぼつねん》 701 ～ 760 年《ねん》

藤原氏出身《ふじわらししゅっしん》で、天皇家以外《てんのうけいがい》で初《はじ》めて皇后《こうごう》になった。仏教《ぶっきょう》を深《ふか》く信仰《しんこう》し、聖武天皇《しょうむてんのう》に「国分寺《こくぶんじ》」「国分尼寺《こくぶんにじ》」の建立《こんりゅう》をすすめた。

もの知《し》りコラム

### 「聖女《せいじょ》」とたたえられた光明皇后《こうみょうこうごう》

光明皇后《こうみょうこうごう》の慈悲深《じひぶか》さを表《あらわ》す、こんな伝説《でんせつ》も残《のこ》っています。

◆ ◆ ◆

光明皇后《こうみょうこうごう》は、ある時《とき》、自宅《じたく》に浴室《よくしつ》をつくって「千人《せんにん》の体《からだ》を洗《あら》う」という誓《ちか》いを立《た》てました。

999人《にん》を洗《あら》い終《お》え、いよいよ千人目《せんにんめ》というとき、当時《とうじ》、伝染病《でんせんびょう》で不治《ふじ》の病《やまい》と恐《おそ》れられていた病気《びょうき》の患者《かんじゃ》が現《あらわ》れました。その人《ひと》は、「体《からだ》のうみを吸《す》い取《と》ってもらえば病気《びょうき》がなおると医者《いしゃ》に言《い》われた」と告《つ》げました。その言葉《ことば》を聞《き》いて、まわりの人《ひと》はただ悲《かな》しむだけでした。

しかし、光明皇后《こうみょうこうごう》は、その患者《かんじゃ》のうみを吸《す》い取《と》ってあげたのです。すると、その患者《かんじゃ》は光《ひか》り輝《かがや》く仏《ほとけ》となったそうです。

# 5章《しょう》
# ここは大仏《だいぶつ》の工事現場《こうじげんば》!?

☆本《ほん》の感想《かんそう》、ファンクラブ通信《つうしん》への投稿《とうこう》など、好《す》きなことを書《か》いてね！

ご感想《かんそう》を広告《こうこく》、書籍《しょせき》のPRに使用《しよう》させていただいてもよろしいでしょうか？

1．実名《じつめい》で可《か》　　2．匿名《とくめい》で可《か》　　3．不可《ふか》

郵 便 は が き

ここに切手《きって》を
貼《は》ってね！

1 0 4 - 8 0 1 1

朝日新聞出版　生活・文化編集部

**「サバイバル」「対決」**
**「タイムワープ」シリーズ　係**

☆**愛読者《あいどくしゃ》カード**☆シリーズをもっとおもしろくするために、みんなの感想《かんそう》を送《おく》ってね。
毎月《まいつき》、抽選《ちゅうせん》で10名《めい》のみんなに、サバイバル特製《とくせい》グッズをあげるよ。

☆**ファンクラブ通信《つうしん》への投稿《とうこう》**☆このハガキで、ファンクラブ通信《つうしん》のコーナーにも投稿《とうこう》できるよ！
たくさんのコーナーがあるから、いっぱい応募《おうぼ》してね。

ファンクラブ通信《つうしん》は、公式《こうしき》サイトでも読《よ》めるよ！ サバイバルシリーズ 検索《けんさく》

| | | | | | |
|---|---|---|---|---|---|
| お名前《なまえ》 | | | ペンネーム | ※本名《ほんみょう》でも可《か》 | |
| ご住所《じゅうしょ》 | 〒 | | | | |
| 電話番号《でんわばんごう》 | | | シリーズを何冊《なんさつ》もってる？ | 冊《さつ》 | |
| 性別《せいべつ》 | 男《おとこ》・女《おんな》 | 学年《がくねん》 | 年《ねん》 | 年齢《ねんれい》 | 才《さい》 |
| コーナー名《めい》 | ※ファンクラブ通信《つうしん》への投稿《とうこう》の場合《ばあい》 | | | | |

※ご提供《ていきょう》いただいた情報《じょうほう》は、個人情報《こじんじょうほう》を含《ふく》まない統計的《とうけいてき》な資料《しりょう》の作成等《さくせいなど》に使用《しよう》いたします。その他《た》の利用《りよう》について詳《くわ》しくは、当社《とうしゃ》ホームページ https://publications.asahi.com/company/privacy/ をご覧下《らんくだ》さい。

あ〜〜
あぶなかった
……ったく何《なん》だよ
いったい
こら おまえたち!!
そいつは
とけた銅《どう》だ!!
あぶないぞ!!
どうやら
ここは
暑《あっ》いな〜…
何《なに》かの工事現場《こうじげんば》
みたいだね……
いったい何《なに》を
あちっ!!

だ……
大仏《だいぶつ》だあ――

でかい……
がっ。
わっ
どすん
ん?
な……
何《なん》だコレ
ひんやりして……
意外《いがい》と気持《きも》ちいい
コラーーッ
この罰当《ばちあ》たりがーーっ!

それは大仏《だいぶつ》さまの頭《あたま》につけるものだ――っ
ココです
あっ いや わざとじゃないので……
ゆるして♡
まったく そんなに怒《おこ》らなくても
いや それだけ大切《たいせつ》なものなんだよ
ピリピリしてんなぁ
出《で》ていけ――っ
それより……
大仏《だいぶつ》をつくっているということは……
ここはまだ奈良時代《ならじだい》ってこと?
!!
そういや……
マリンと亀《かめ》じーさんは?
マリーン 亀《かめ》じーさーん どこだ――!?
まさか ぼくたちだけ奈良時代《ならじだい》に取《と》り残《のこ》されたんじゃ……
ああ
あや

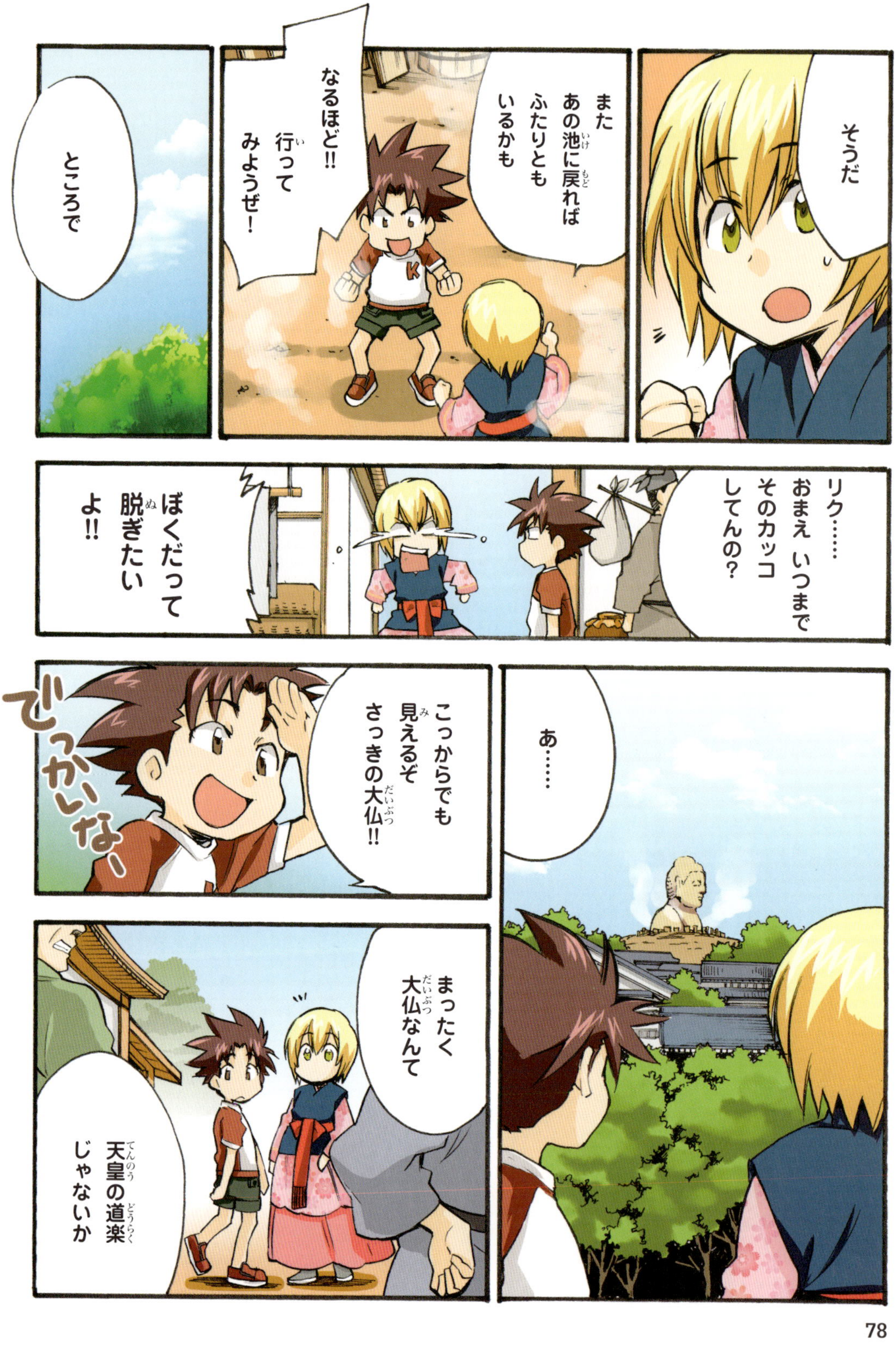
そうだ
また
あの池《いけ》に戻《もど》れば
ふたりとも
いるかも
なるほど!!
行《い》って
みようぜ!
ところで
リク……
おまえ いつまで
そのカッコ
してんの?
ぼくだって
脱《ぬ》ぎたい
よ!!
あ……
こっからでも
見《み》えるぞ
さっきの大仏《だいぶつ》!!
でっかいなー
まったく
大仏《だいぶつ》なんて
天皇《てんのう》の道楽《どうらく》
じゃないか

＊みちのく＝東北地方《とうほくちほう》

なんでも
山《やま》の中《なか》に変《か》わった
模様《もよう》の亀《かめ》のこうらが
ささってて
そこを掘《ほ》ったら
金《きん》が出《で》てきた
そうだ
ぴくっ
不思議《ふしぎ》な
こともあるもん
だなぁ
おじさん
おじさん!!
その亀《かめ》のこうらは
どうなったの?
ああ
どうやら金《きん》と一緒《いっしょ》に
天皇《てんのう》に献上《けんじょう》された
らしい
献上《けんじょう》
された!?
はぁ?
もーー!
何《なん》だよ その
ケンジョーって
のはーー!
えーっと
つまり……
身分《みぶん》の高《たか》い人《ひと》に
物《もの》を差《さ》し上《あ》げる
こと……
つまり
この場合《ばあい》
・・・
こうらは天皇《てんのう》のものに
なったってことだよ

なるほど……
ひとつ勉強《べんきょう》になったぜ
じゃねェ!! 早《はや》いとここうらを取《と》り返《かえ》さないと……
そうか!!
こうらがここにあるってことはマリンも亀《かめ》さんもこの時代《じだい》にいるってことだよ
あ
阿倍《あべ》ちゃんは天皇家《てんのうけ》のお姫《ひめ》さまだったよな
ここはまず阿倍《あべ》ちゃんに相談《そうだん》しよう
この門《もん》の奥《おく》に天皇《てんのう》が住《す》んでる宮殿《きゅうでん》があるはずだよ
朱雀門《すざくもん》
ん?

どこの子《こ》どもだ!?
平城宮《へいじょうきゅう》で働《はたら》く役人《やくにん》以外《いがい》はこの門《もん》の中《なか》には入《はい》れぬぞ
ズーっ
オレたち阿倍《あべ》ちゃんに用《よう》があるんだよ
阿倍《あべ》ちゃん……?
カ…
カィ…
ホラッ天皇家《てんのうけ》の姫《ひめ》だよ おてんばで生意気《なまいき》な
きさま恐《おそ》れ多《おお》くも皇太子《こうたいし》であらせられる阿倍《あべ》さまになんという無礼《ぶれい》な
おあーっ
失礼《しつれい》しました——
なんだよ—— オレたち阿倍《あべ》ちゃんの友達《ともだち》なのに
はぁはぁ…
阿倍《あべ》ちゃん……皇太子《こうたいし》になったんだね……
皇太子《こうたいし》? 何《なに》それ?
次《つぎ》の天皇《てんのう》になる人《ひと》のことだよ
えーっ!
阿倍《あべ》ちゃん天皇《てんのう》になるの!?
スゲー

とにかく……
中《なか》に入《はい》れるチャンスを待《ま》つしかないな
ザ‥
ザッ
ザッ
ん……?
うわあ
ドーン
なっ……何《なん》だあ!?
ドーン
ドーン
タイコの音《おと》?

開門《かいもん》〜〜〜!!
なっ何《なに》?
すげー人《ひと》ごみだ

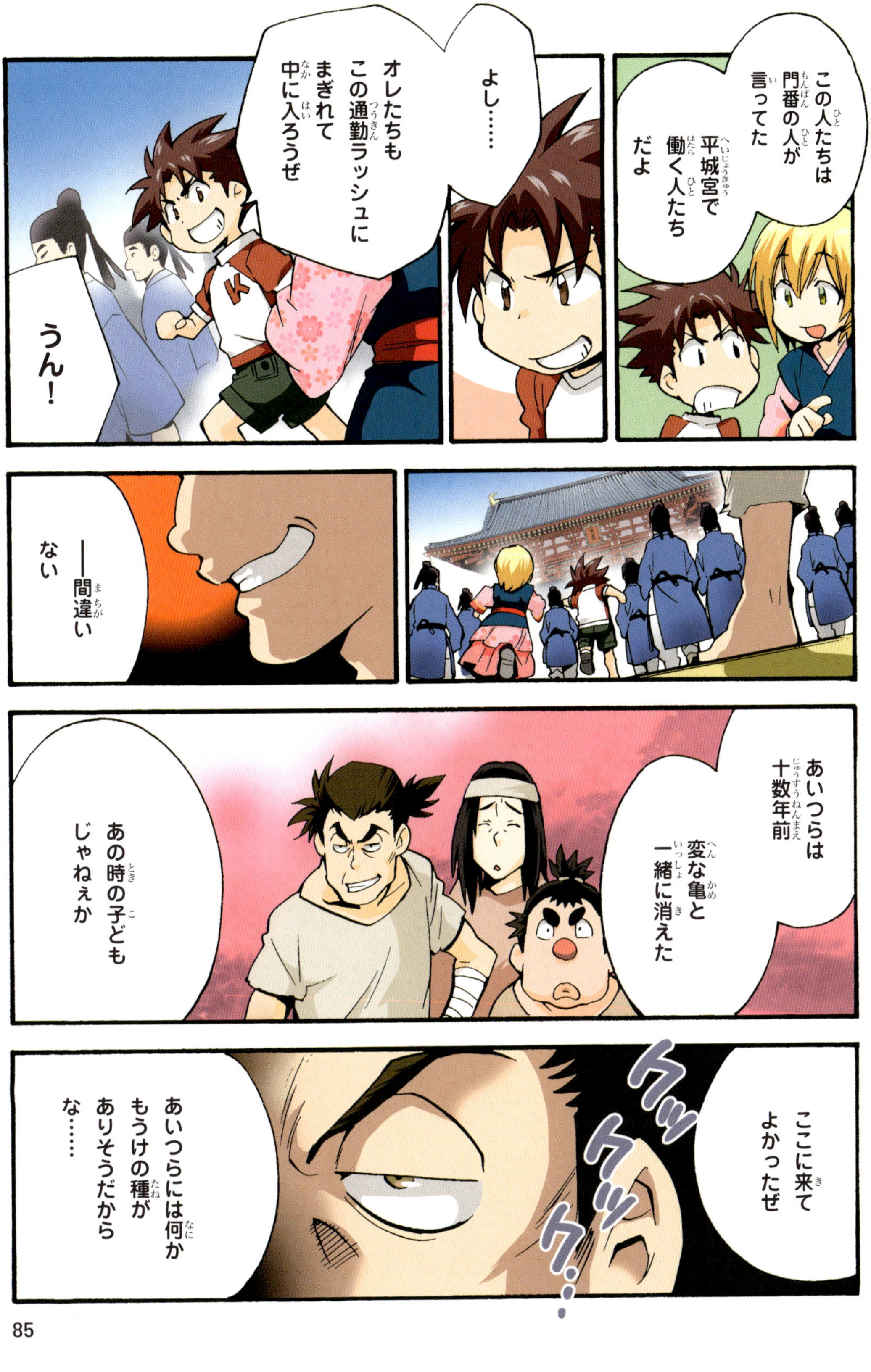
この人《ひと》たちは門番《もんばん》の人《ひと》が言《い》ってた平城宮《へいじょうきゅう》で働《はたら》く人《ひと》たちだよ
よし……
オレたちもこの通勤《つうきん》ラッシュにまぎれて中《なか》に入《はい》ろうぜ
うん！
──間違《まちが》いない
あいつらは十数年前《じゅうすうねんまえ》変《へん》な亀《かめ》と一緒《いっしょ》に消《き》えた
あの時《とき》の子《こ》どもじゃねぇか
ここに来《き》てよかったぜ
クックックク…
あいつらには何《なに》かもうけの種《たね》がありそうだからな……

# 世界初《せかいはつ》の挑戦《ちょうせん》・黄金《おうごん》の大仏《だいぶつ》づくり

## ①大仏《だいぶつ》づくりは、聖武天皇《しょうむてんのう》の悲願《ひがん》

743（天平《てんぴょう》15）年《ねん》、聖武天皇《しょうむてんのう》は大仏《だいぶつ》をつくる詔《みことのり》（天皇《てんのう》の命令《めいれい》）を出《だ》しました。大仏《だいぶつ》の造立《ぞうりゅう》は、10年以上《ねんいじょう》の歳月《さいげつ》と、約《やく》500トンの銅《どう》、440kgの金《きん》を費《つい》やし、のべ260万人以上《まんにんいじょう》の人手《ひとで》をかけた、国家的大事業《こっかてきだいじぎょう》となりました。

大仏工事《だいぶつこうじ》のようす（想像図《そうぞうず》）
大仏《だいぶつ》の原型《げんけい》のまわりに粘土《ねんど》で枠《わく》（鋳型《いがた》）をつくって、原型《げんけい》と枠《わく》のあいだに銅《どう》を流《なが》し込《こ》む。流《なが》し込《こ》んだらまた上《うえ》に盛《も》り土《つち》をし、作業《さぎょう》を繰《く》り返《かえ》して、銅《どう》の大仏《だいぶつ》をつくる
溶解炉《ようかいろ》
炭《すみ》を燃《も》やして銅《どう》を溶《と》かす炉《ろ》。炭《すみ》と銅《どう》をいっしょに炉《ろ》に入《い》れる。銅《どう》は溶《と》けると、炉《ろ》の底《そこ》にたまる
工事《こうじ》の現場監督《げんばかんとく》
たたら（ふいご）
銅《どう》が液体《えきたい》になる1000℃以上《いじょう》に温度《おんど》を上《あ》げるため、板《いた》を足《あし》で踏《ふ》んで、溶解炉《ようかいろ》に空気《くうき》を送《おく》り込《こ》む
復元イラスト：中西立太

おんぶして
運《はこ》ばれてるよ！
だいじょうぶ？

底《そこ》にたまった銅《どう》はここから出《で》て、大仏《だいぶつ》の原型《げんけい》と枠《わく》のあいだに流《なが》れ込《こ》む
炭《すみ》や銅《どう》を入《い》れて混《ま》ぜる人《ひと》
炉《ろ》は1000℃以上《いじょう》になるので、作業《さぎょう》は命《いのち》がけだ

もの知《し》りコラム

## 大仏《だいぶつ》の髪《かみ》はあとからつけた！

大仏《だいぶつ》の頭《あたま》の渦巻《うずま》き状《じょう》の髪《かみ》は、「螺髪《らほつ》」といいます。

大仏《だいぶつ》をつくるときは、螺《ら》髪《ほつ》は別《べつ》につくり、あとから頭《あたま》にとりつけたとされています。

もの知《し》りコラム

## 金《きん》でおおって完成《かんせい》！

銅《どう》の大仏《だいぶつ》ができあがったら、最後《さいご》に金《きん》でおおって、大仏《だいぶつ》の完成《かんせい》！

この金《きん》には、東北《とうほく》地方《ちほう》で見《み》つかった金《きん》が使《つか》われました。

# 6章《しょう》
# 聖武天皇《しょうむてんのう》からこうらを取《と》り戻《もど》せ！

笏《しゃく》はメモ帳《ちょう》の役割《やくわり》だったんだって
笏《しゃく》

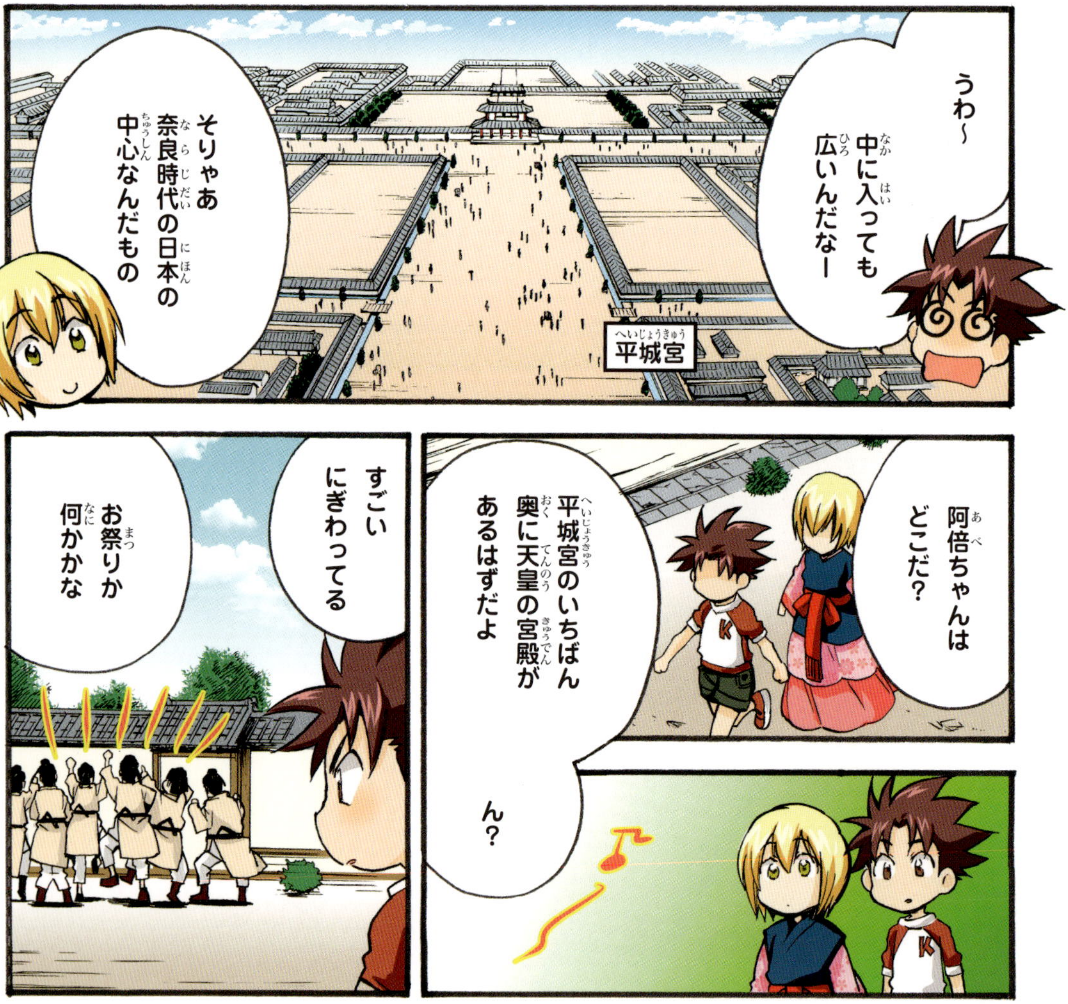
うわ〜
中《なか》に入《はい》っても広《ひろ》いんだなー
そりゃあ奈良時代《ならじだい》の日本《にほん》の中心《ちゅうしん》なんだもの
平城宮《へいじょうきゅう》
阿倍《あべ》ちゃんはどこだ?
平城宮《へいじょうきゅう》のいちばん奥《おく》に天皇《てんのう》の宮殿《きゅうでん》があるはずだよ
ん?
すごいにぎわってる
お祭《まつ》りか何《なに》かかな

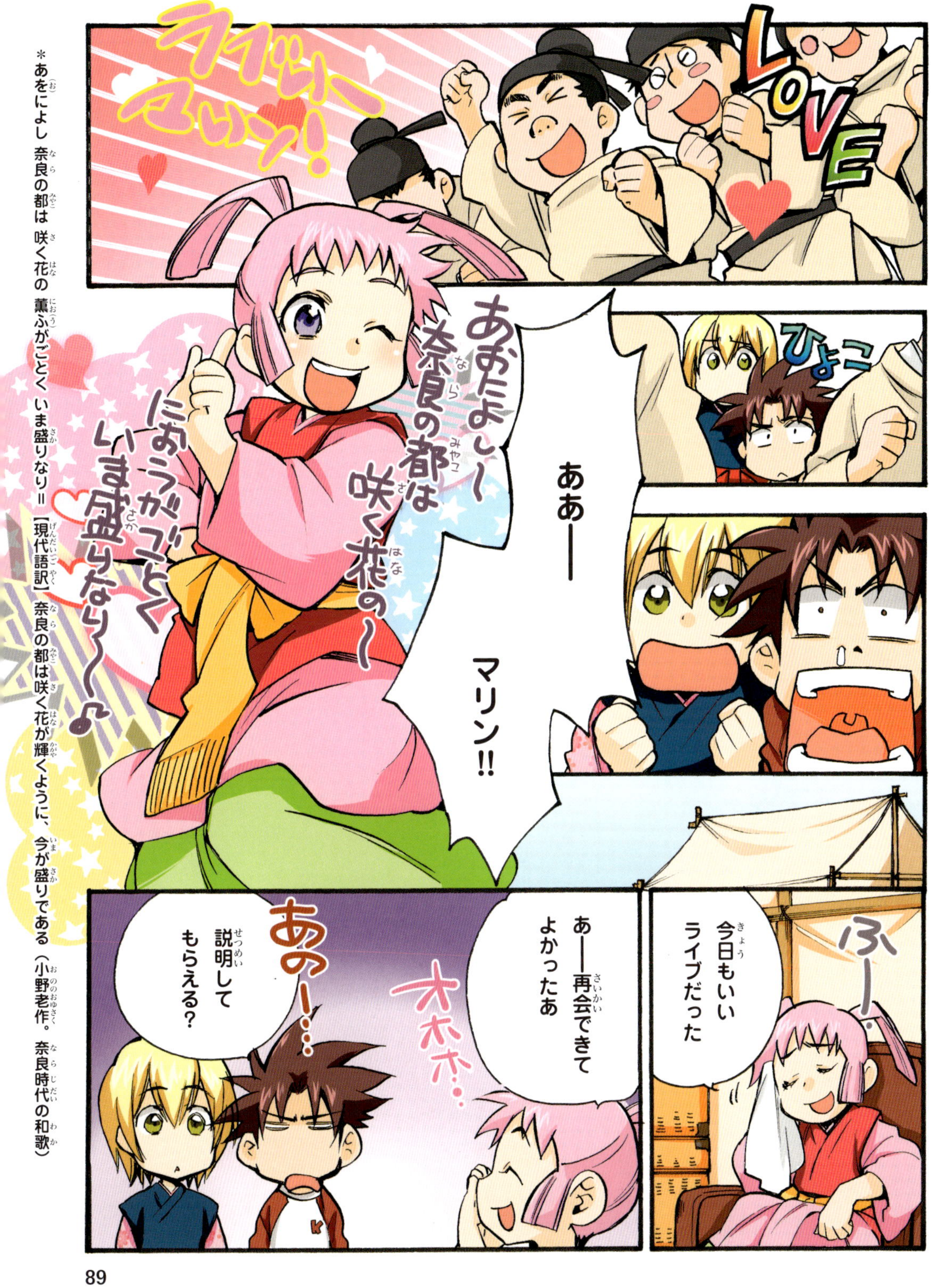


＊あを《(お)》によし　奈良《なら》の都《みやこ》は　咲《さ》く花《はな》の　薫《にお(う)》ふがごとく　いま盛《さか》りなり＝【現代語訳《げんだいごやく》】奈良《なら》の都《みやこ》は咲《さ》く花《はな》が輝《かがや》くように、今《いま》が盛《さか》りである（小野老《おののおゆ》作《さく》。奈良《なら》時代《じだい》の和歌《わか》）

ホラ
あの時《とき》あんたたちとはぐれちゃったじゃない?
シューン
前《まえ》と同《おな》じ場所《ばしょ》 わたしひとりでどうすれば……
おぬしには踊《おど》りという武器《ぶき》があるではないか
ダンス?
得意《とくい》の踊《おど》りで人《ひと》も情報《じょうほう》も集《あつ》まるのではないか?
なるほど!!
そして町《まち》でダンスを踊《おど》っていたら
チャリン チャリン
ホ〜ッホッホッ
こんなにお金《かね》をもらっちゃった

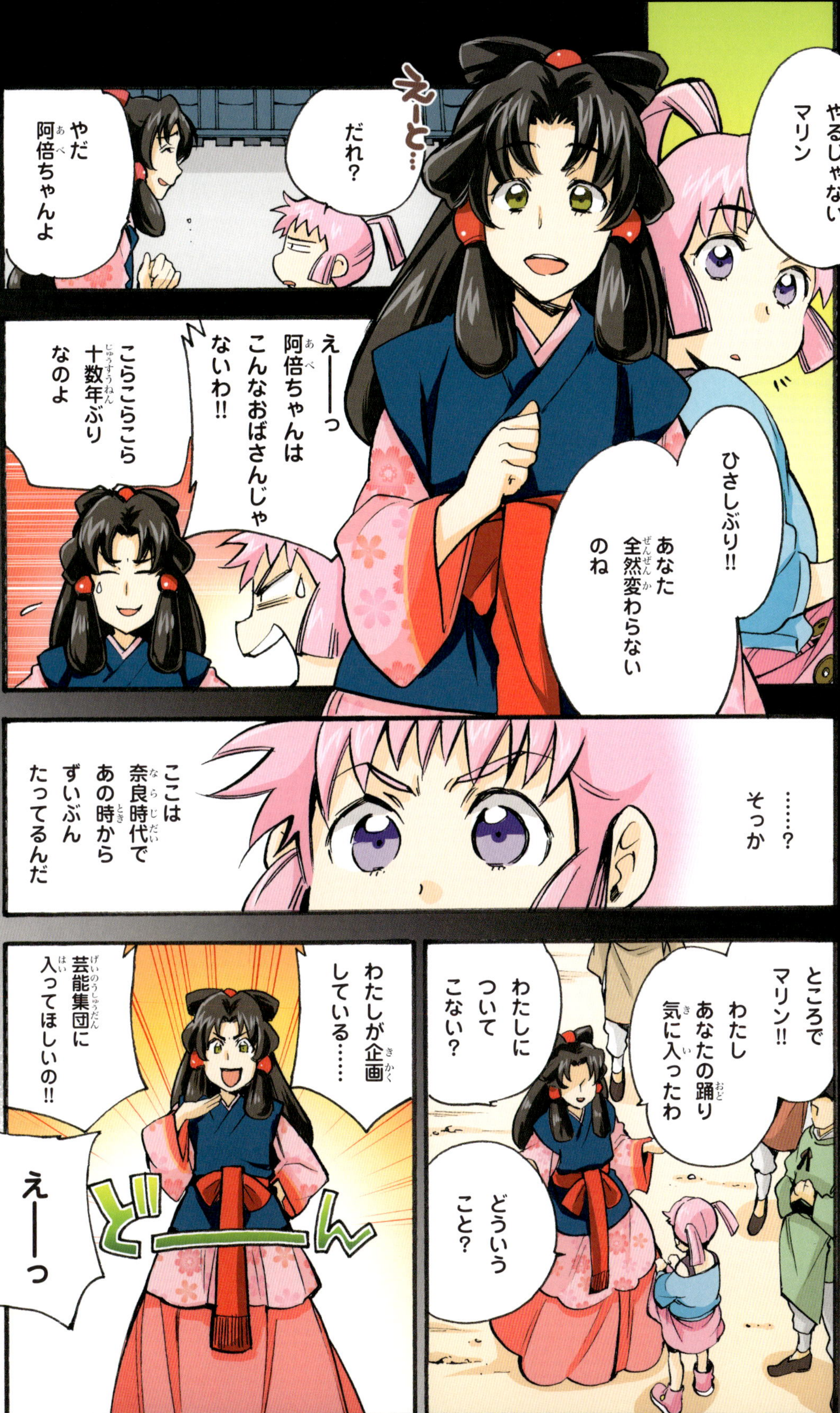

やるじゃない
マリン
えーと…
だれ?
やだ
阿倍《あべ》ちゃんよ
ひさしぶり!!
あなた
全然《ぜんぜん》変《か》わらない
のね
えーーっ
阿倍《あべ》ちゃんは
こんなおばさんじゃ
ないわ!!
こらこらこら
十数年《じゅうすうねん》ぶり
なのよ
……?
そっか
ここは
奈良時代《ならじだい》で
あの時《とき》から
ずいぶん
たってるんだ
ところで
マリン!!
わたし
あなたの踊《おど》り
気《き》に入《い》ったわ
わたしに
ついて
こない?
どういう
こと?
わたしが企画《きかく》
している……
芸能集団《げいのうしゅうだん》に
入《はい》ってほしいの!!
どーーん
えーーっ

グループに入《はい》った わたしは あっという間《ま》に センターに のぼりつめたわ
フッ
――まあ 無事《ぶじ》でよかった よ……
で…… どうして ここがわかった の？
あっ そうだ
ぼくたち 町《まち》で 亀《かめ》のこうらが 献上《けんじょう》されたって うわさを聞《き》いて……
マジ？
阿倍《あべ》ちゃんに 相談《そうだん》にきたんだ
まかせて!! 阿倍《あべ》ちゃんのところまで 案内《あんない》するわ
おっしゃあ!!
ところで……
何《なに》？
リク まだその格好《かっこう》 だったんだね
うう……

広《ひろ》いな～
ん？
あの人《ひと》は何《なに》してんだ？
木《き》に文字《もじ》を書《か》いてるんですって
紙《かみ》に書《か》けばいいのに！
この時代《じだい》紙《かみ》はとても貴重《きちょう》なものなんだそうよ
あなたたち……
未来人《みらいじん》なの？
うんこー
オレたちがいた未来《みらい》には紙《かみ》なんてありふれたものだけど
ありがたいことなんだなあ
そ…そうね…

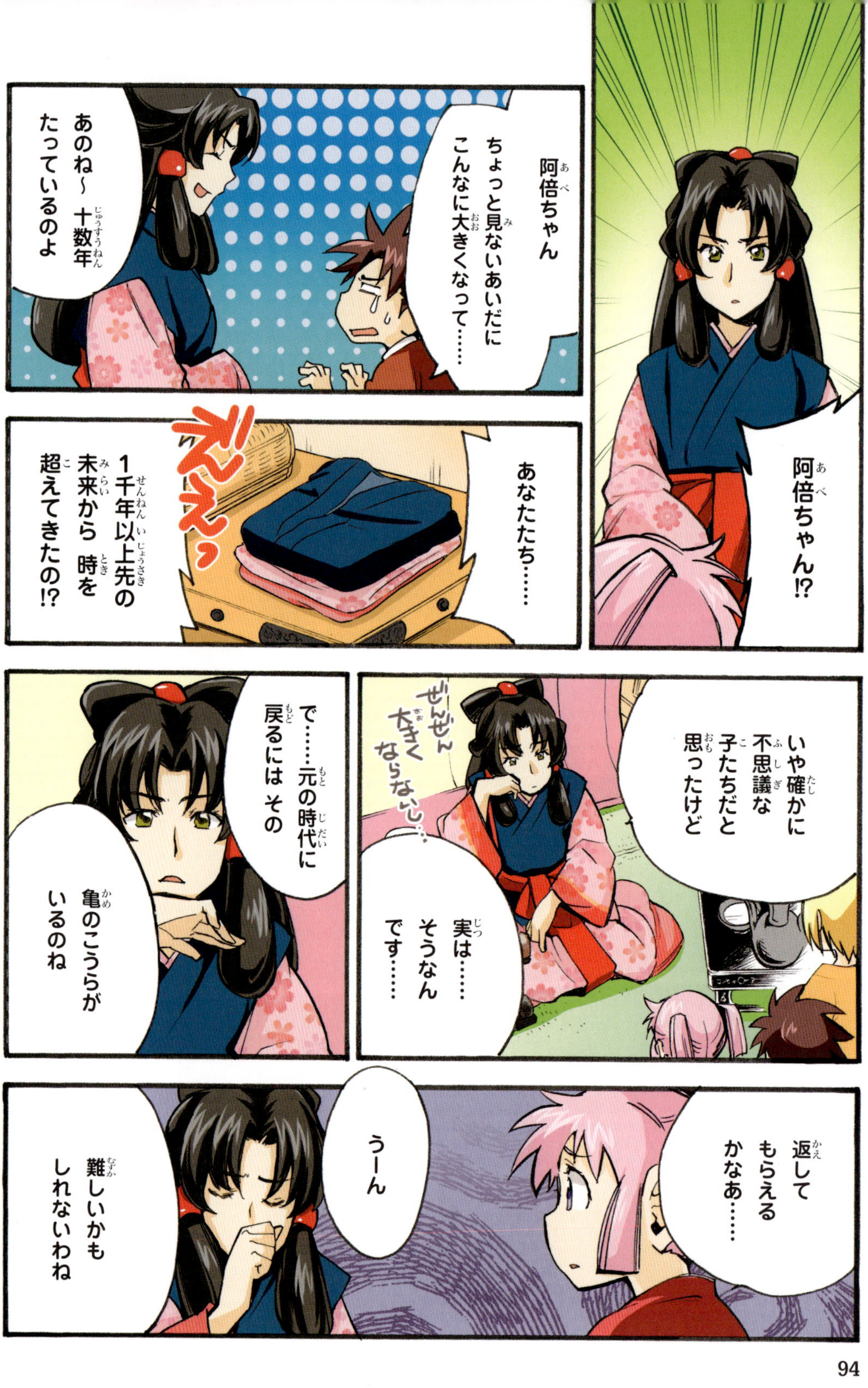
阿倍《あべ》ちゃん!?
阿倍《あべ》ちゃん
ちょっと見《み》ないあいだにこんなに大《おお》きくなって……
あのね～ 十数年《じゅうすうねん》たっているのよ
あなたたち……
ええっ
1千年以上先《せんねんいじょうさき》の未来《みらい》から 時《とき》を超《こ》えてきたの!?
いや確《たし》かに不思議《ふしぎ》な子《こ》たちだと思《おも》ったけど
ぜんぜん大《おお》きくならないし…
実《じつ》は……そうなんです……
で……元《もと》の時代《じだい》に戻《もど》るには その
亀《かめ》のこうらがいるのね
返《かえ》してもらえるかなあ……
うーん
難《むずか》しいかもしれないわね

お父《とう》さまは
ゲンかつぎというか
めでたいものを
大事《だいじ》にするから
きっと 返《かえ》すとは
言《い》わないわ
何《なに》それ
ゲンをかつぐとか
勝手《かって》なこと言《い》って！
ちょっ…
カイ!!
もしかして
あの大仏《だいぶつ》も
ゲンかつぎで
つくってんの？
町《まち》の人《ひと》みんな
迷惑《めいわく》してたよ!!
──知《し》ってるわ
大仏《だいぶつ》づくりが
評判悪《ひょうばんわる》いこと……
──でも
お父《とう》さまは
決《けっ》して自分《じぶん》の
ために大仏《だいぶつ》を
つくりたい
わけじゃない
の
この国《くに》は
ここ何十年《なんじゅうねん》ものあいだ
地震《じしん》やききんで
人々《ひとびと》が苦《くる》しんでいる
──でも
天変地異《てんぺんちい》は
人間《にんげん》の力《ちから》ではどうにも
ならないでしょう

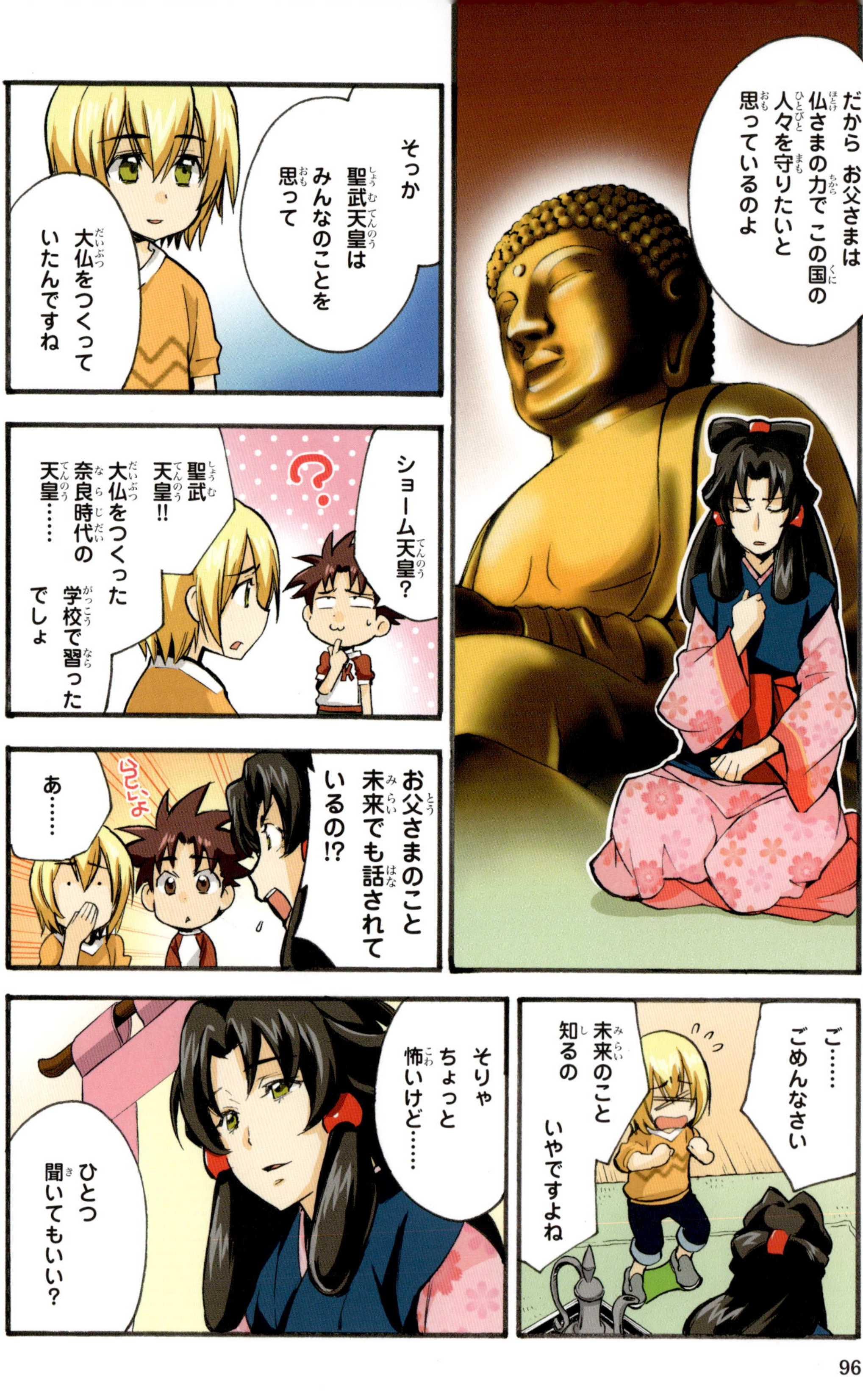

だから お父《とう》さまは 仏《ほとけ》さまの力《ちから》で この国《くに》の 人々《ひとびと》を守《まも》りたいと 思《おも》っているのよ
そっか 聖武天皇《しょうむてんのう》は みんなのことを 思《おも》って
大仏《だいぶつ》をつくって いたんですね
ショーム天皇《てんのう》?
聖武《しょうむ》 天皇《てんのう》!! 大仏《だいぶつ》をつくった 奈良時代《ならじだい》の 天皇《てんのう》…… 学校《がっこう》で習《なら》った でしょ
お父《とう》さまのこと 未来《みらい》でも話《はな》されて いるの!?
あ……
ご…… ごめんなさい
未来《みらい》のこと 知《し》るの いやですよね
そりゃ ちょっと 怖《こわ》いけど……
ひとつ 聞《き》いてもいい?

大仏《だいぶつ》は あなたたちの時代《じだい》にも残《のこ》ってる？
ふふ……
ああ あるぜ!!
いつも たくさんの人《ひと》が見《み》にいってるよ
ぼくたちも修学旅行《しゅうがくりょこう》で行《い》く予定《よてい》です
——よかった……

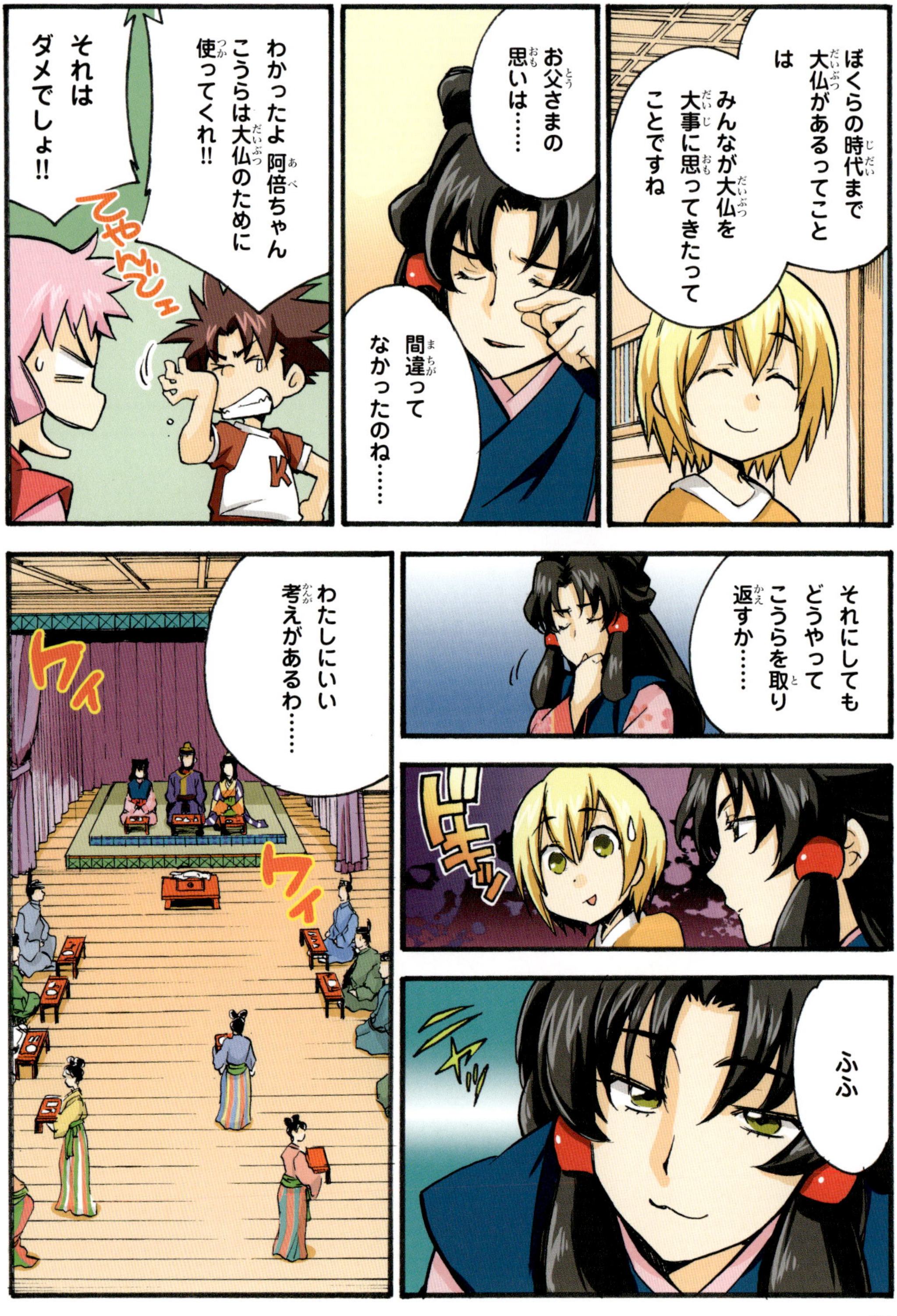

ぼくらの時代《じだい》まで大仏《だいぶつ》があるってことは
みんなが大仏《だいぶつ》を大事《だいじ》に思《おも》ってきたってことですね
お父《とう》さまの思《おも》いは……
間違《まちが》ってなかったのね……
わかったよ 阿倍《あべ》ちゃん こうらは大仏《だいぶつ》のために使《つか》ってくれ!!
てやんでぇ
それはダメでしょ!!
それにしてもどうやってこうらを取《と》り返《かえ》すか……
ドキッ
ニヤッ
ふふ
わたしにいい考《かん》えがあるわ……
ワイワイ

今日《きょう》は金《きん》が見《み》つかった祝《いわ》いの宴《うたげ》だ!!
これで金《きん》の大仏《だいぶつ》をつくることができる
これで……これで……
聖武天皇《しょうむてんのう》
これで苦《くる》しむ民《たみ》が救《すく》われるうぅぅ
キラッ
あれね……
さあ
宴《うたげ》の始《はじ》まりよっ

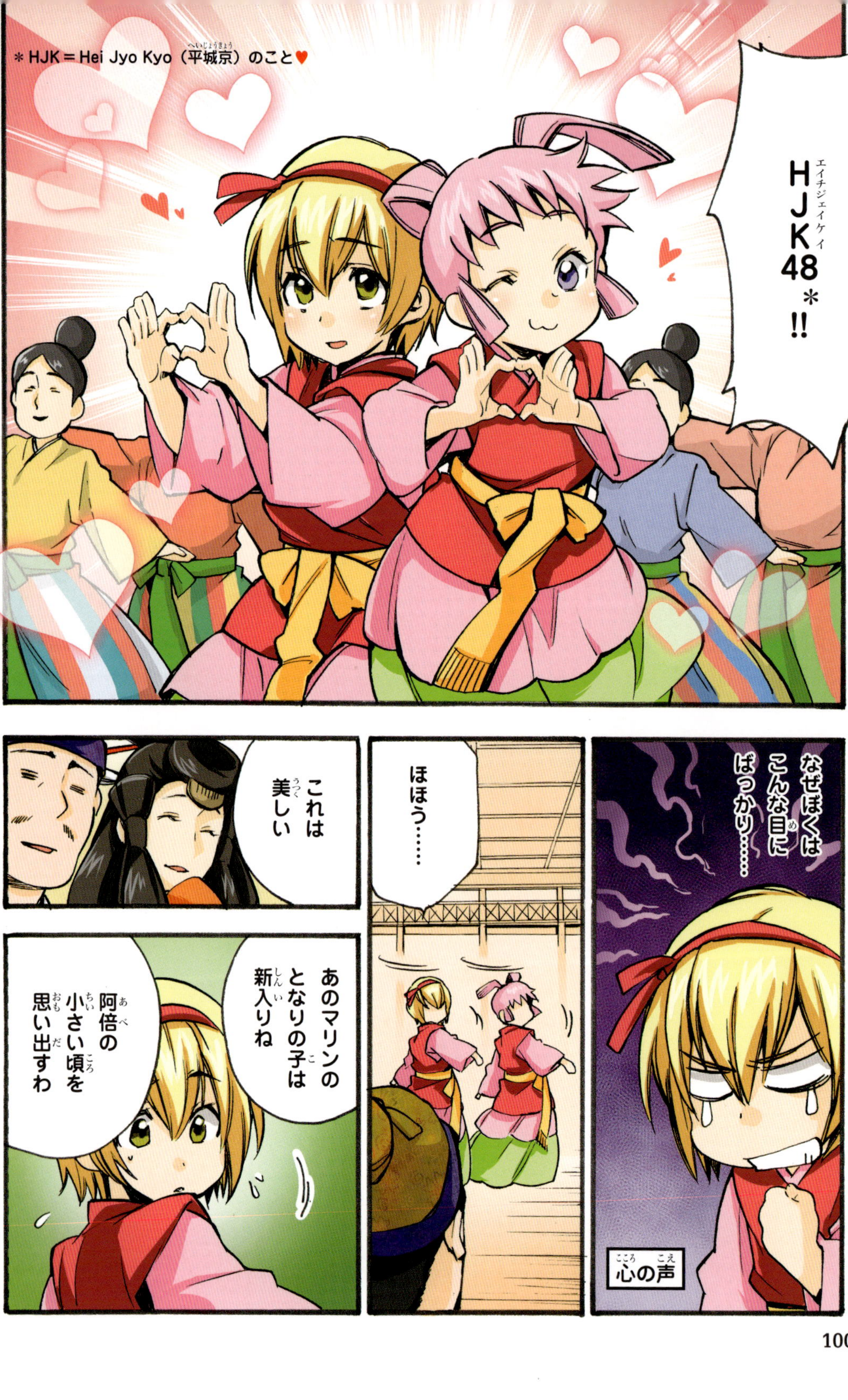
＊HJK＝Hei Jyo Kyo（平城京《へいじょうきょう》）のこと♥
HJK《エイチジェイケイ》48＊!!
なぜぼくはこんな目《め》にばっかり……
心《こころ》の声《こえ》
ほほう……
これは美《うつく》しい
あのマリンのとなりの子《こ》は新入《しんい》りね
阿倍《あべ》の小《ちい》さい頃《ころ》を思《おも》い出《だ》すわ

＊天皇《すめろき》の　御代栄《みよさか》えむ（ん）と　東《あずま》なる　陸奥山《みちのくやま》に　黄金花咲《くがねはなさ》く＝【現代語訳《げんだいごやく》】天皇《てんのう》の御代《みよ》の繁栄《はんえい》を予言《よげん》するように、東国《とうごく》の陸奥《みちのく》の山《やま》から黄金《おうごん》が出《で》た（大伴家持作《おおとものやかもちさく》。奈良時代《ならじだい》の和歌《わか》）

阿倍《あべ》…… これは
これは わたしが 調《しら》べたところ めでたい席《せき》には 欠《か》かせない
たいへん縁起《えんぎ》のよい 踊《おど》りのようです
お父《とう》さま……
し……しかし……
よっ
ほっ
こんな品《ひん》のない 踊《おど》りが……？
はム!!
ぱっ
ひいい——
マリン 今《いま》だ!!
きゃー 早《はや》く出《で》て いってよー
はっし

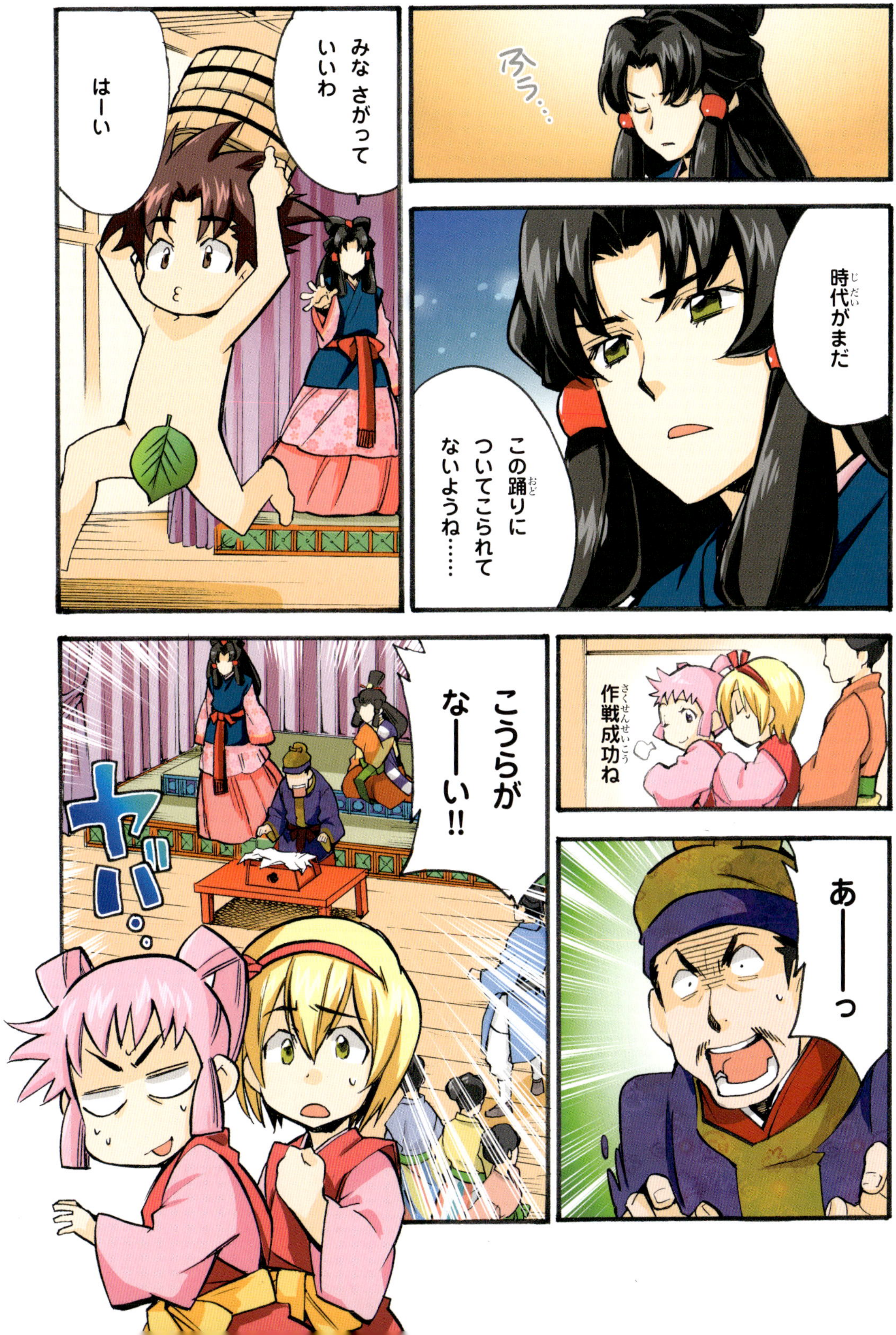
ふう…
時代《じだい》がまだ
この踊《おど》りに ついてこられて ないようね……
みな さがって いいわ
はーい
作戦成功《さくせんせいこう》ね
あーーっ
こうらが なーーい!!
ヤバ。。

# お役所《やくしょ》づとめも楽《らく》じゃない

## ① 超朝型勤務《ちょうあさがたきんむ》だった！

平城京《へいじょうきょう》のいちばん奥《おく》には、天皇《てんのう》の宮殿《きゅうでん》と、役所《やくしょ》がありました。ここを平城宮《へいじょうきゅう》とよびます。平城宮《へいじょうきゅう》に勤《きん》務《む》する役人《やくにん》の数《かず》は、約《やく》1万人《まんにん》。平城京全体《へいじょうきょうぜんたい》の人口《じんこう》が10万人《まんにん》ほどとされるので、平城京《へいじょうきょう》に住《す》むおよそ10人《にん》に1人《ひとり》が、役人《やくにん》だったということになります。

奈良時代《ならじだい》の役人《やくにん》は、超朝型勤務《ちょうあさがたきんむ》でした。夜明《よあ》けとともに平城宮《へいじょうきゅう》の門《もん》（朱雀門《すざくもん》）が開《あ》くので、それに間《ま》に合《あ》うよう、まだ暗《くら》いうちに家《いえ》を出《で》ました。役人《やくにん》のおもな仕事《しごと》は、今《いま》と同《おな》じように、外交活動《がいこうかつどう》や国《くに》の運営《うんえい》にかかわる、さまざまな書類《しょるい》を作成《さくせい》することでした。

＊ペルシア＝今《いま》のイラン

役人《やくにん》の仕事《しごと》のようす
貴重品《きちょうひん》だった紙《かみ》の代《か》わりに、日常《にちじょう》の文書《ぶんしょ》は、木簡《もっかん》とよばれる木切《きぎ》れに書《か》きつけていた。書《か》き直《なお》すときは、消《け》しゴムで消《け》す代《か》わりに、小刀《こがたな》で削《けず》った。木簡《もっかん》は保存《ほぞん》には向《む》かないので、保存《ほぞん》する文書《ぶんしょ》は紙《かみ》に書《か》いていた

東北歴史博物館蔵

## ② サボっている役人《やくにん》もいた！

役人《やくにん》が仕事《しごと》を休《やす》むためには、今《いま》と同《おな》じように、休暇願《きゅうかねがい》を出《だ》さなくてはなりませんでした。今《いま》に残《のこ》る休暇《きゅうか》願《ねがい》を見《み》てみると、「仕事《しごと》が一段落《ひとだんらく》したから」や「自分《じぶん》や家族《かぞく》の病気《びょうき》やけが」などが理由《りゆう》で休《やす》む人《ひと》が多《おお》かったようです。なかには、「仕事着《しごとぎ》を洗濯《せんたく》するため」や「泥棒《どろぼう》に盗《ぬす》まれたものを捜《さが》すため」という、ちょっと変《か》わった理由《りゆう》もありました。役人《やくにん》の出勤状況《しゅっきんじょうきょう》を見《み》ると、1年間《ねんかん》に320日働《にちはたら》き、さらに、185日《にち》の夜勤《やきん》もこなした猛烈《もうれつ》な人《ひと》がいる一方《いっぽう》、決《き》められた出勤日数《しゅっきんにっすう》に足《た》りない人《ひと》が、全体《ぜんたい》の半分《はんぶん》くらいいたそうですよ。

まじめな

### 下級役人《かきゅうやくにん》の１日《にち》 ※夏《なつ》の場合《ばあい》

**３：００頃《ごろ》**
自宅《じたく》を出発《しゅっぱつ》。平城京《へいじょうきょう》のはしっこにある我《わ》が家《や》から平城宮《へいじょうきゅう》までは遠《とお》いから、１時間以上歩《じかんいじょうある》かなきゃ。

**４：３０頃《ごろ》（日《ひ》の出《で》の２０分前《ぶんまえ》）**
朱雀門《すざくもん》が開門《かいもん》。遅刻《ちこく》すると入《い》れてもらえないから、時間《じかん》は厳守《げんしゅ》！

**６：３０～１０：３０頃《ごろ》**
午前《ごぜん》のお仕事《しごと》。ヒマな日《ひ》は、午前《ごぜん》だけで仕事《しごと》は終《お》わり。

**１０：３０頃《ごろ》～**
お昼《ひる》ごはん（給食《きゅうしょく》）。ほとんどの日《ひ》は、食後《しょくご》に残業《ざんぎょう》。

**１５：００頃《ごろ》**
やっと残業《ざんぎょう》も終《お》わり。これから、また長《なが》い道《みち》のりを歩《ある》いて帰《かえ》らねば……。

もの知《し》りコラム

### 「お金《かね》」を払《はら》えば出世《しゅっせ》できた？

奈良時代《ならじだい》には、「お金《かね》をためて国《くに》に納《おさ》めれば出世《しゅっせ》できる」という制度《せいど》がありました。これを「蓄銭叙位令《ちくせんじょいれい》」といいます。当時《とうじ》、まだ人々《ひとびと》になじみがなかった「お金《かね》」を普及《ふきゅう》させるため、この制度《せいど》をつくったのです。

和同開珎《わどうかいちん》
広《ひろ》く流通《りゅうつう》したものとしては日本最初《にほんさいしょ》のお金《かね》。708（和銅《わどう》1）年《ねん》に製造開始《せいぞうかいし》

写真：朝日新聞社

「給食《きゅうしょく》がまずい！」と不満《ふまん》が書《か》かれた木簡《もっかん》
「常食菜甚悪《じょうしょくさいじんあく》」と書《か》かれている。「常食《じょうしょく》」とは、役人《やくにん》に出《だ》された給食《きゅうしょく》のこと

奈良文化財研究所蔵

木簡《もっかん》に残《のこ》る落書《らくが》き
仕事《しごと》の合間《あいま》に、同僚《どうりょう》や上司《じょうし》の似顔絵《にがおえ》を描《か》いたのかも？

奈良文化財研究所蔵

# 7章《しょう》
# 最後《さいご》のこうらは大仏《だいぶつ》にある！

出入《でい》り口《ぐち》を閉《し》めろ！
犯人《はんにん》は必《かなら》ずこの部屋《へや》の中《なか》にいるはずだ!!
ひとりずつ身体検査《しんたいけんさ》するんだ!!
これはもはや……
犯人《はんにん》
逃《に》げるしかない……!!
ちょっとトイレー

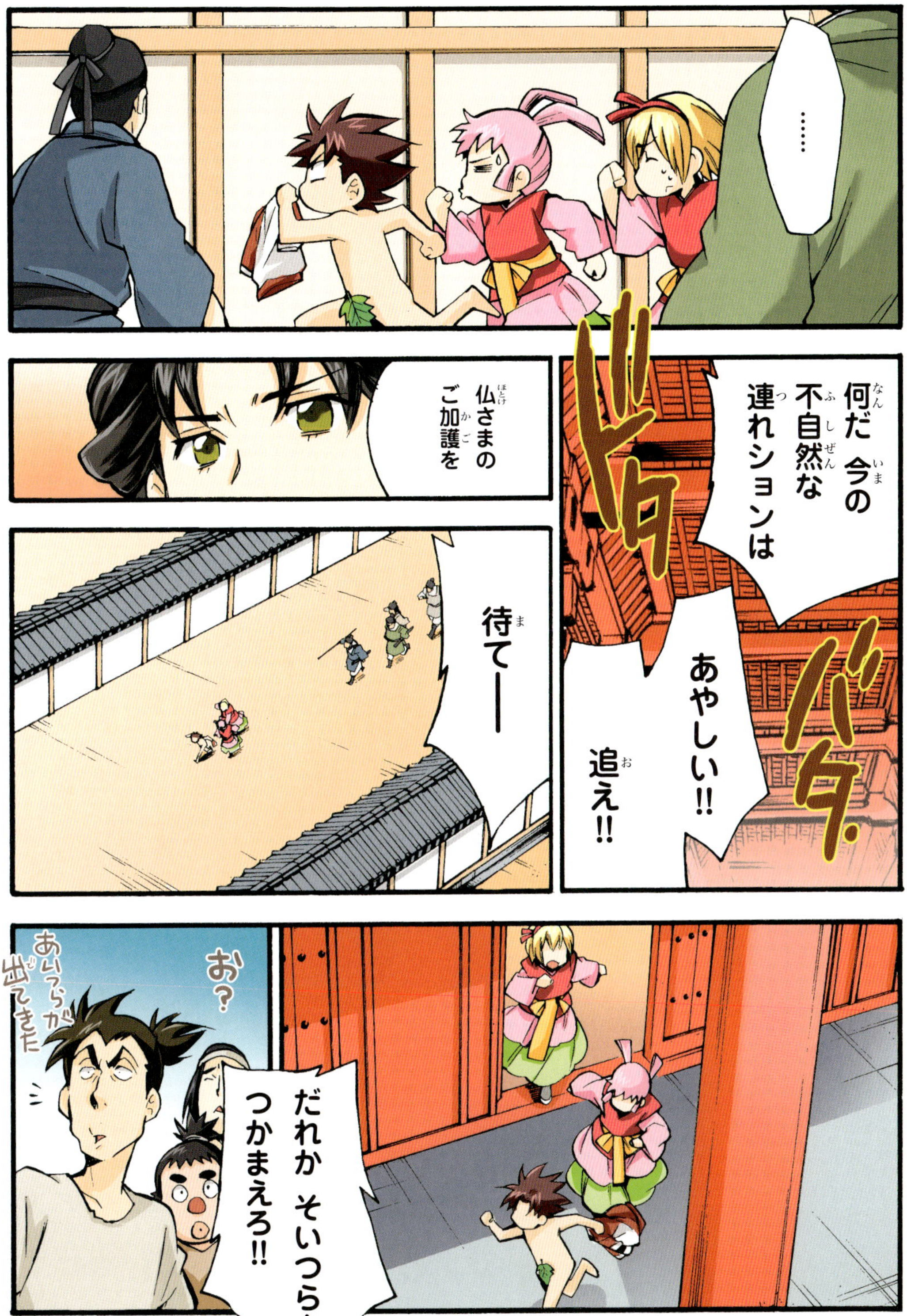
……
何《なん》だ 今《いま》の 不自然《ふしぜん》な 連《つ》れションは
ドタ
バタ
あやしい!!
追《お》え!!
仏《ほとけ》さまの ご加護《かご》を
待《ま》てーー
お?
あいつらが出《で》てきた
だれか そいつらを つかまえろ!!

ビュン…
ここはオレたちにまかせてくだせー
ばっ!
あいつらあの時《とき》の盗賊《とうぞく》じゃねーか
以前《いぜん》は油断《ゆだん》したが今度《こんど》は逃《に》がさねーぞ
ぎゃーっ
ねらった通《とお》りだ
あの不思議《ふしぎ》なやつらからは金《かね》のにおいがするぜー
金《かね》？
そういえば……
ザザ…
お金《かね》がほしけりゃあげるわよ
何《なに》？

これでもくらえっ
ビシィィ!
いったあ
はっ!
チャリーン
チャリーン
金《かね》だ!! ひろえ!!
今《いま》よ!!
ナイスだ マリン!!
よし 池《いけ》に着《つ》いたぞ
ああーっ!!

亀《かめ》さん!!
ぐったり…
どうしたの?
おい だいじょうぶかよ
やっぱり……
やっぱりって何《なん》だよ リク
亀《かめ》さん 体《からだ》の具合《ぐあい》 だんだん悪《わる》くなってるんじゃないの?
もしかして こうらが欠《か》けたせいで……
!!

亀《かめ》さん
ホント
なの？
な
何《なん》で早《はや》く
言《い》わねーん
だよ!!
ここ
マリーン
こうら
こうら
気《き》にするな
こうらさえ
そろえば また
元気《げんき》になる
はずじゃ
ホントかい!?
なら とっとと
3個目《こめ》を見《み》つけに
いこうぜ
うん
行《い》こう!!
ビシュウウウウ…
ナカッ

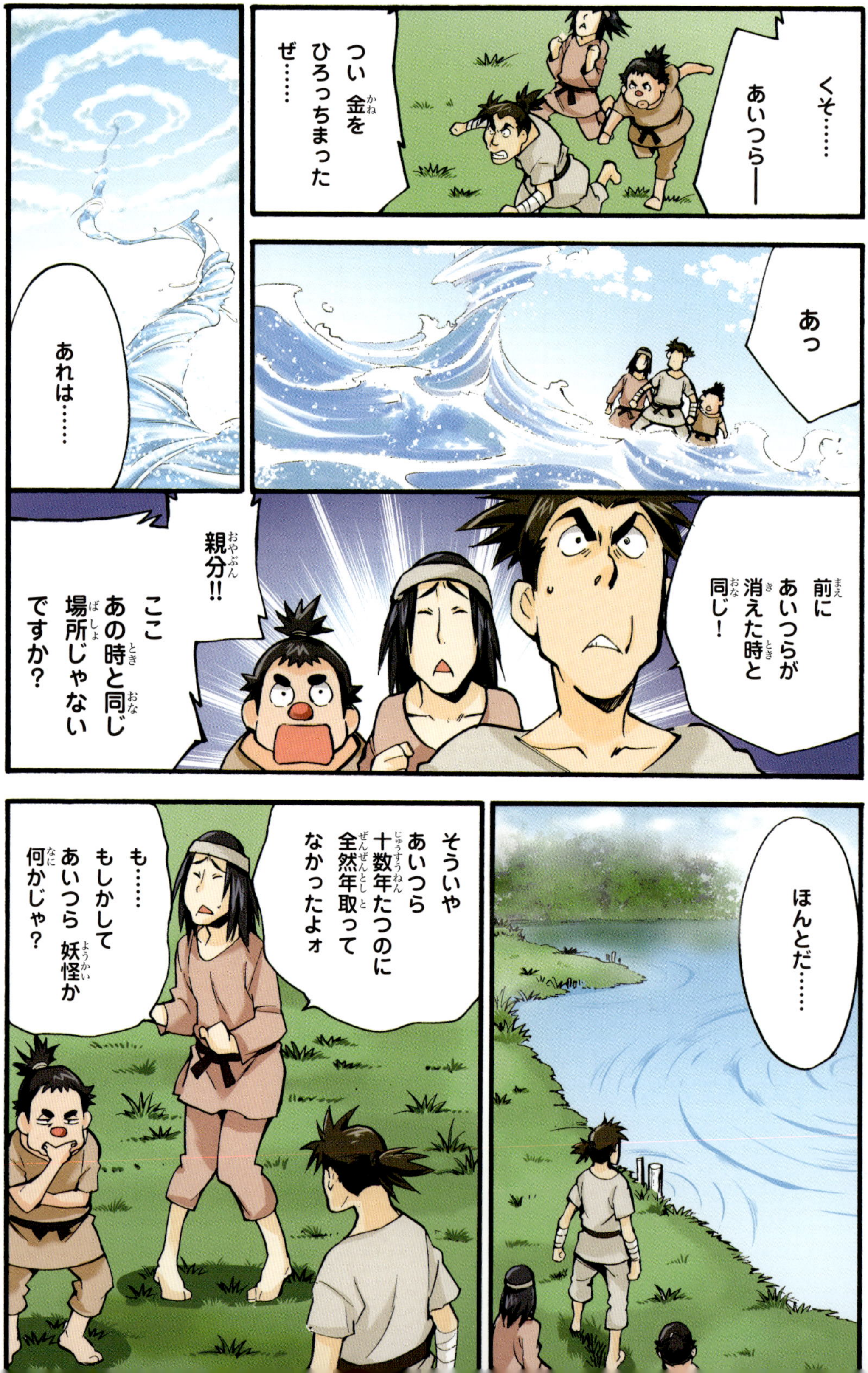

くそ……
あいつら――
つい 金《かね》を
ひろっちまった
ぜ……
あっ
あれは……
前《まえ》に
あいつらが
消《き》えた時《とき》と
同《おな》じ！
親分《おやぶん》!!
ここ
あの時《とき》と同《おな》じ
場所《ばしょ》じゃない
ですか？
ほんとだ……
そういや
あいつら
十数年《じゅうすうねん》たつのに
全然年取《ぜんぜんとしと》って
なかったよォ
も……
もしかして
あいつら 妖怪《ようかい》か
何《なに》かじゃ？

妖怪《ようかい》……？
ほぉ
そいつはおもしろいじゃねェか
次《つぎ》に亀《かめ》のこうらのうわさが流《なが》れたら
その時《とき》こそ……
シュ～ン…
ワイワイ
ここが最後《さいご》のこうらがある時代《じだい》か
また同《おな》じ場所《ばしょ》だわ
亀《かめ》さん待《ま》っててね

ずいぶんにぎやかだな
お祭《まつ》りかしら?
あっ
大仏《だいぶつ》の工事現場《こうじげんば》だったところに立派《りっぱ》な建物《たてもの》ができてるよ
大仏《だいぶつ》ができあがったんじゃないかな
なるほど! それを祝《いわ》うお祭《まつ》りか
ね……
ねェ……ちょっと
わたしたちもしかして
囲《かこ》まれてない……?
あーっ
あれ

こども盗賊団《とうぞくだん》
罪状《ざいじょう》
献上《けんじょう》された亀《かめ》の甲羅《こうら》を盗《ぬす》んだ
ぼくたち
子《こ》ども盗賊団《とうぞくだん》にされてる――
ひ……
じり…
人違《ひとちが》いです――!!
待《ま》てーっ
ドドドドど
こうらを盗《ぬす》んだことが まだ世間《せけん》の話題《わだい》になってるってことは
前《まえ》の時代《じだい》からあまり進《すす》んでないってことね
ねェ……なんでぼくまた女装《じょそう》なの?
女装《じょそう》じゃないわ
変装《へんそう》よ!!
キッ
うう…

しかし……
これじゃこうらの情報《じょうほう》も聞《き》き出《だ》しにくいぜ……
あそこの池《いけ》でめでたい亀《かめ》が見《み》つかったそうよ！
このめでたい日《ひ》にめでたいことが重《かさ》なるもんだ!!
なんでも背中《せなか》に不思議《ふしぎ》な模様《もよう》のある亀《かめ》らしいわ
聞《き》いて聞《き》いて！
──まさか亀《かめ》さん
つかまっちまったのか……？
池《いけ》に戻《もど》ろう!!
よいしょよいしょ
くくく……今《いま》ごろ町《まち》は亀《かめ》のうわさでもちきりだ

また おまえらか!!
亀《かめ》じーさんを はなせ!!
やはり来《き》たか…… 小僧《こぞう》ども
オレたちは知《し》ってるぞ
この亀《かめ》の不思議《ふしぎ》な力《ちから》を
それが何《なん》だよ
おまえら亀《かめ》じーさんをどうするつもりだよ!!
町《まち》で新《あら》たにめずらしい亀《かめ》のこうらが見《み》つかってな
できあがった大仏《だいぶつ》のみけんにつけられたそうだ
それだけの価値《かち》があるこうらの本体《ほんたい》なら
貴族《きぞく》どもはいくらでもほしがるだろうぜ

町《まち》にはすでに妖怪亀《ようかいがめ》の肉《にく》を食《た》べると不老長寿《ふろうちょうじゅ》になるといううわさを流《なが》してある
亀《かめ》の肉《にく》を少《すこ》しずつ売《う》りゃあ オレたちは大金持《おおがねも》ちってわけよ
亀《かめ》さんは弱《よわ》ってるのよ 亀《かめ》さんに手出《てだ》ししないで
すぐに返《かえ》して!!
やなこった
リク!!
やめて
亀《かめ》さんを返《かえ》して

ザダッ
うるせぇな!!
返《かえ》してえええ!!
ガばぁっ

# 仏教《ぶっきょう》だいすき！ 聖武天皇《しょうむてんのう》の政治《せいじ》

## ① 仏教《ぶっきょう》を国中《くにじゅう》に広《ひろ》めた

当時《とうじ》、仏教《ぶっきょう》には、超自然的《ちょうしぜんてき》な力《ちから》があるとされていました。科学《かがく》も発達《はったつ》していなかった時代《じだい》、天変地異《てんぺんちい》に対《たい》抗《こう》するには、仏教《ぶっきょう》を盛《さか》んにして国《くに》を守《まも》るしかないと考《かんが》えられていたのです。こうした考《かんが》え方《かた》を「鎮護国家《ちんごこっか》」といいます。

聖武天皇《しょうむてんのう》の時代《じだい》には、恐《おそ》ろしい伝染病《でんせんびょう》の流行《りゅうこう》や、ききん、大地震《おおじしん》、反乱《はんらん》などが相次《あいつ》ぎました。そこで、聖武天皇《しょうむてんのう》は、鎮護国家《ちんごこっか》をおしすすめようと、日本各《にほんかく》地《ち》に「国分寺《こくぶんじ》」「国分尼寺《こくぶんにじ》」をつくりました。さらに、都《みやこ》に大仏《だいぶつ》をつくることを決意《けつい》しました。巨大《きょだい》な仏像《ぶつぞう》をつくることで、国《くに》のすみずみまで仏《ほとけ》さまのパワーを届《とど》けたいと考《かんが》えたのです。

大仏《だいぶつ》の建立《こんりゅう》を命《めい》じた年《とし》に、聖武天皇《しょうむてんのう》は「墾田永年《こんでんえいねん》私財法《しざいほう》」を出《だ》しています。これは、「国《くに》の許可《きょか》を得《え》れば、新《あたら》しく荒野《こうや》を開墾《かいこん》したら、その土地《とち》は自分《じぶん》のものにできる」という制度《せいど》で、田畑《たはた》を増《ふ》やして税収《ぜいしゅう》を上《あ》げるのが目的《もくてき》でした。

もの知《し》りコラム

### 都《みやこ》を何度《なんど》も移《うつ》した！

都《みやこ》を移《うつ》すことを「遷都《せんと》」といいます。遷都《せんと》は、天皇《てんのう》が引《ひ》っ越《こ》しするだけでなく、役所《やくしょ》などの建物《たてもの》をつくりなおし、そこで働《はたら》く人々《ひとびと》やその家族《かぞく》もいっしょに引《ひ》っ越《こ》しする、費用《ひよう》も労力《ろうりょく》もかかるたいへんな事業《じぎょう》でした。それなのに、聖武《しょうむ》天皇《てんのう》は、わずか4年半《ねんはん》の間《あいだ》に4回《かい》も都《みやこ》を移《うつ》しました。

聖武天皇《しょうむてんのう》が、なぜ遷都《せんと》を繰《く》り返《かえ》したのかは、はっきりとはわかっていませんがこの遷都《せんと》の繰《く》り返《かえ》しは、都《みやこ》で働《はたら》く役《やく》人《にん》や民衆《みんしゅう》をたいへん困《こま》らせました。

聖武天皇《しょうむてんのう》の「遷都《せんと》」
地形《ちけい》や国名《こくめい》は当時《とうじ》のもの。

## ②私生活《しせいかつ》は苦《くる》しみが多《おお》かった

聖武天皇《しょうむてんのう》は、生《う》まれつき体《からだ》が弱《よわ》く、病気《びょうき》がちでした。お母《かあ》さんは心《こころ》の病《やまい》で部屋《へや》に閉《と》じこもりきり。聖武天皇《しょうむてんのう》が37歳《さい》になるまで、一度《いちど》も会《あ》えませんでした。さらに、ようやく生《う》まれた跡取《あとと》りの男《おとこ》の子《こ》も、1年《ねん》もたたないうちに死《し》んでしまったのです。

天皇《てんのう》としても、「国《くに》に次々《つぎつぎ》と災《わざわ》いが起《お》こるのは、天《てん》皇《のう》である自分《じぶん》に徳《とく》がないためだ」と、自分《じぶん》を責《せ》めていました。自分《じぶん》の無力《むりょく》さを痛《いた》いほど感《かん》じていたからこそ、仏教《ぶっきょう》を熱心《ねっしん》に信仰《しんこう》したのかもしれません。

**奈良時代《ならじだい》のキーパーソン 3**

**奈良《なら》の大仏《だいぶつ》を建立《こんりゅう》した天皇《てんのう》**

### 聖武天皇《しょうむてんのう》

★生没年《せいぼつねん》701～756年《ねん》(在位《ざいい》724～749年《ねん》)
文武天皇《もんむてんのう》の子《こ》。仏教《ぶっきょう》による国《くに》の安定《あんてい》を目指《めざ》し、日本各国《にほんかっこく》に国分寺《こくぶんじ》や国分尼寺《こくぶんにじ》をつくり、奈良《なら》の大仏《だいぶつ》を建立《こんりゅう》した。

もの知《し》りコラム

## 元号《げんごう》も何度《なんど》も変《か》えた!

日本《にほん》には、元号《げんごう》という年《とし》の数《かぞ》え方《かた》があります。たとえば、「平成《へいせい》28年《ねん》」とか、「昭和《しょうわ》60年《ねん》」などです。現在《げんざい》では、天《てん》皇《のう》が即位《そくい》する時《とき》に元号《げんごう》が決《き》められ、1人《ひとり》の天皇《てんのう》の代《だい》に元号《げんごう》はひとつと決《き》まっていますが、昔《むかし》はいいことや悪《わる》いことがあった時《とき》にも変《か》えることがよくありました。元号《げんごう》を変《か》えることを改元《かいげん》といいます。

聖武天皇《しょうむてんのう》は、「神亀《じんき》」「天平《てんぴょう》」「天平感宝《てんぴょうかんぽう》」と、3度《ど》、改《かい》元《げん》しています。改元《かいげん》のきっかけは次《つぎ》のようなものです。

「神亀《じんき》」…白《しろ》い亀《かめ》が献上《けんじょう》されたから

「天平《てんぴょう》」…背中《せなか》に「天王貴平知百年《てんおうきへいちひゃくねん》」の文字《もじ》が浮《う》き出《で》ている亀《かめ》が献上《けんじょう》されたから

「天平感宝《てんぴょうかんぽう》」…東北地方《とうほくちほう》で金《きん》が見《み》つかり、献上《けんじょう》されたから

# 8章《しょう》
# 大仏開眼《だいぶつかいげん》の大《だい》イベント

アホか!!
この亀《かめ》はもうすでに弱《よわ》っている
どうしたってじきにくたばるだけだろうが!!
違《ちが》う
こうらさえあれば……
ギリ
亀《かめ》さんは助《たす》かるかもしれないいんだ!
助《たす》けられる可能性《かのうせい》のある友達《ともだち》が目《め》の前《まえ》にいるのに……
あきらめられないよ!!

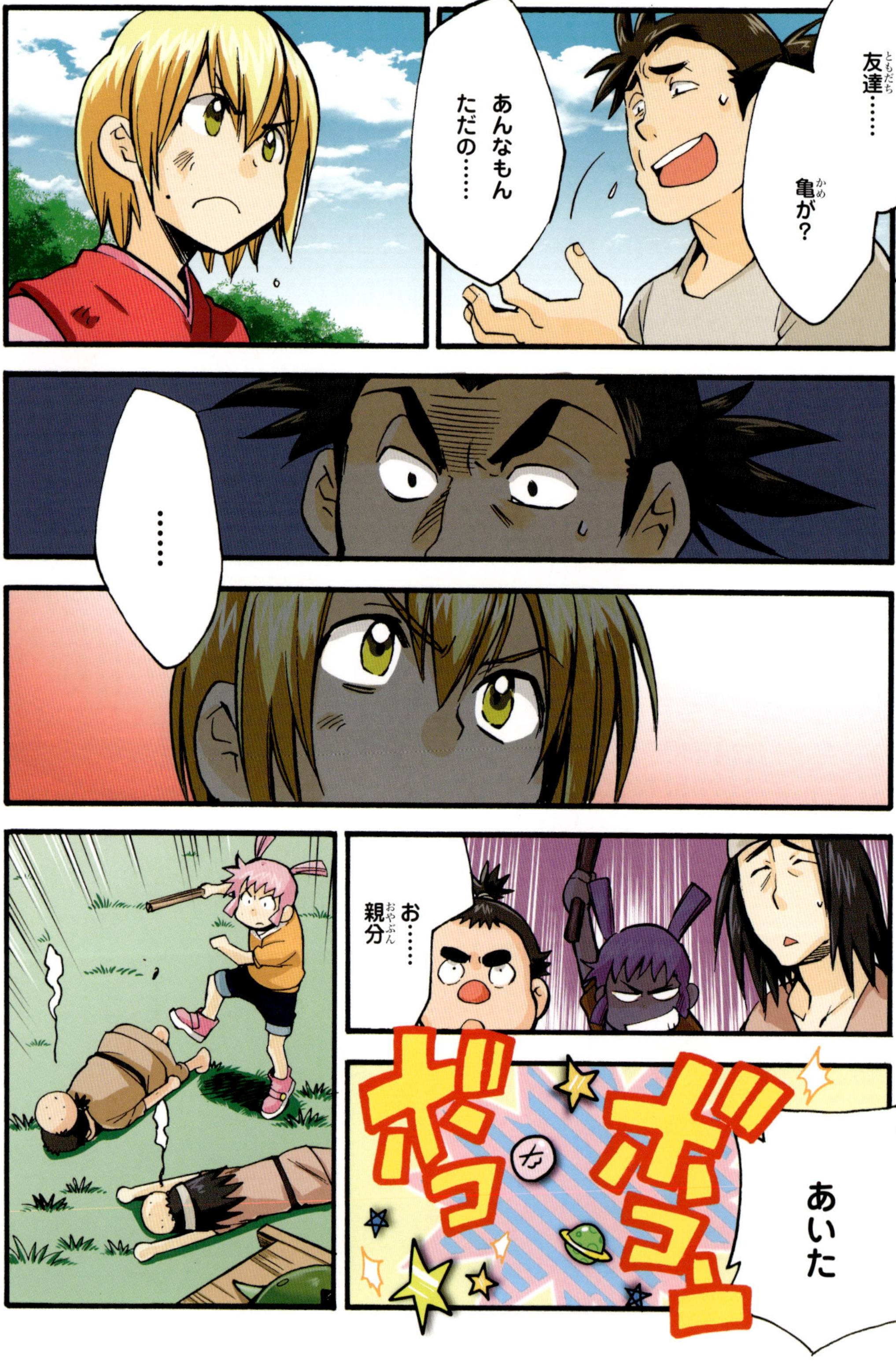
友達《ともだち》……
亀《かめ》が？
あんなもん
ただの……
……
お……
親分《おやぶん》……
ボコッ
ボコッ
あいた

今《いま》よ
カイリク!!
な……
ナイスマリン!!
よし
ガ!
ドンガラガラ…
このまま大仏《だいぶつ》まで
超特急《ちょうとっきゅう》だ──っ

イテテテ…
親分《おやぶん》……
何《なん》か オレ あいつら見《み》てたら
昔《むかし》の親分《おやぶん》を思《おも》い出《だ》したよ……
ききんや恐《おそ》ろしい伝染病《でんせんびょう》 飢《う》えと重《おも》い税《ぜい》で苦《くる》しい生活《せいかつ》の中《なか》で
ちっちゃい頃《ころ》から親分《おやぶん》はいつもオレたちを守《まも》ってくれたんだ
あ〜 オレも同《おな》じこと思《おも》い出《だ》したよー
はっ
やめろよ
まったく…… 大仏《だいぶつ》からこうらを取《と》るなんて無茶《むちゃ》を言《い》いやがる
あいつら…… ちゃんと亀《かめ》を助《たす》けられるかな……

最後《さいご》のこうらは大仏《だいぶつ》のところだああ――
どけどけえ～～
あれ？あれって例《れい》の亀《かめ》じゃないの？
あっ!!
今《いま》のもしかして……
子《こ》ども盗賊団《とうぞくだん》じゃないか？
だれか！
役人《やくにん》を呼《よ》んでこい!!

亀《かめ》さん だいじょうぶ!?
しっかり して……!!
くそ……
オレが冒険《ぼうけん》したい なんて言《い》ったから
こんなことに……
あの時《とき》 オレがふざけ なきゃ……
こうらだって ……
カイ……
はは……
おまえ らしくも ない……
亀《かめ》じーさん!?
わたしを甘《あま》く 見《み》るなよ カイ……
わたしは 神《かみ》の亀《かめ》
おまえがふざけた 時《とき》とて おまえたちを 振《ふ》り落《お》とすことなど 簡単《かんたん》にできたのじゃ
ただ……

わたしは
おまえたちと冒険《ぼうけん》がしたかったんじゃよ……
亀《かめ》じーさん……
冒険《ぼうけん》には危険《きけん》がつきものじゃ
しかし
それを恐《おそ》れて逃《に》げてばかりでは大切《たいせつ》なものを守《まも》れぬこともある……
かわいい子《こ》には旅《たび》をさせろ……
というやつじゃ
──よせよ……
それこそ
亀《かめ》じーさんらしくもねェ

待《ま》ってろよ亀《かめ》じーさん
オレたちがぜったい助《たす》ける!!
うわあ……
この人《ひと》ごみじゃ中《なか》に入《はい》れそうにないよ
どーしてこんなに人《ひと》がいるんだ!?
知《し》らないの? 大仏《だいぶつ》の開眼供養《かいげんくよう》をするんだよ
開眼供養《かいげんくよう》?

大仏《だいぶつ》さまに「眼《め》」を描《か》き入《い》れて仏《ほとけ》さまのたましいをお迎《むか》えするんだよ
必勝《ひっしょう》のだるまみたいなことか……!?
目《め》ならみけんに近《ちか》いわよねチャンスじゃない?
でもどうやってそこまでたどりつけば……
ん?
あれだ!!
リク!!おまえの女装《じょそう》を生《い》かしてあのテントからお面《めん》を借《か》りてきてくれ!!
やっぱ女装《じょそう》なんじゃないか!!
ソロ〜リソロ〜リ…
おい!!
ビクッ…

まだしたくが
できておらん
のか!!
世界《せかい》の国々《くにぐに》から
お客《きゃく》さまが
来《き》ている
失礼《しつれい》のない
ようにな
は……はい
ちょっとは
疑《うたが》ってほし
かった……

＊開眼供養《かいげんくよう》のときは、工事《こうじ》が間《ま》に合《あ》わず、大仏《だいぶつ》の顔《かお》にしか金《きん》がぬられていませんでした。

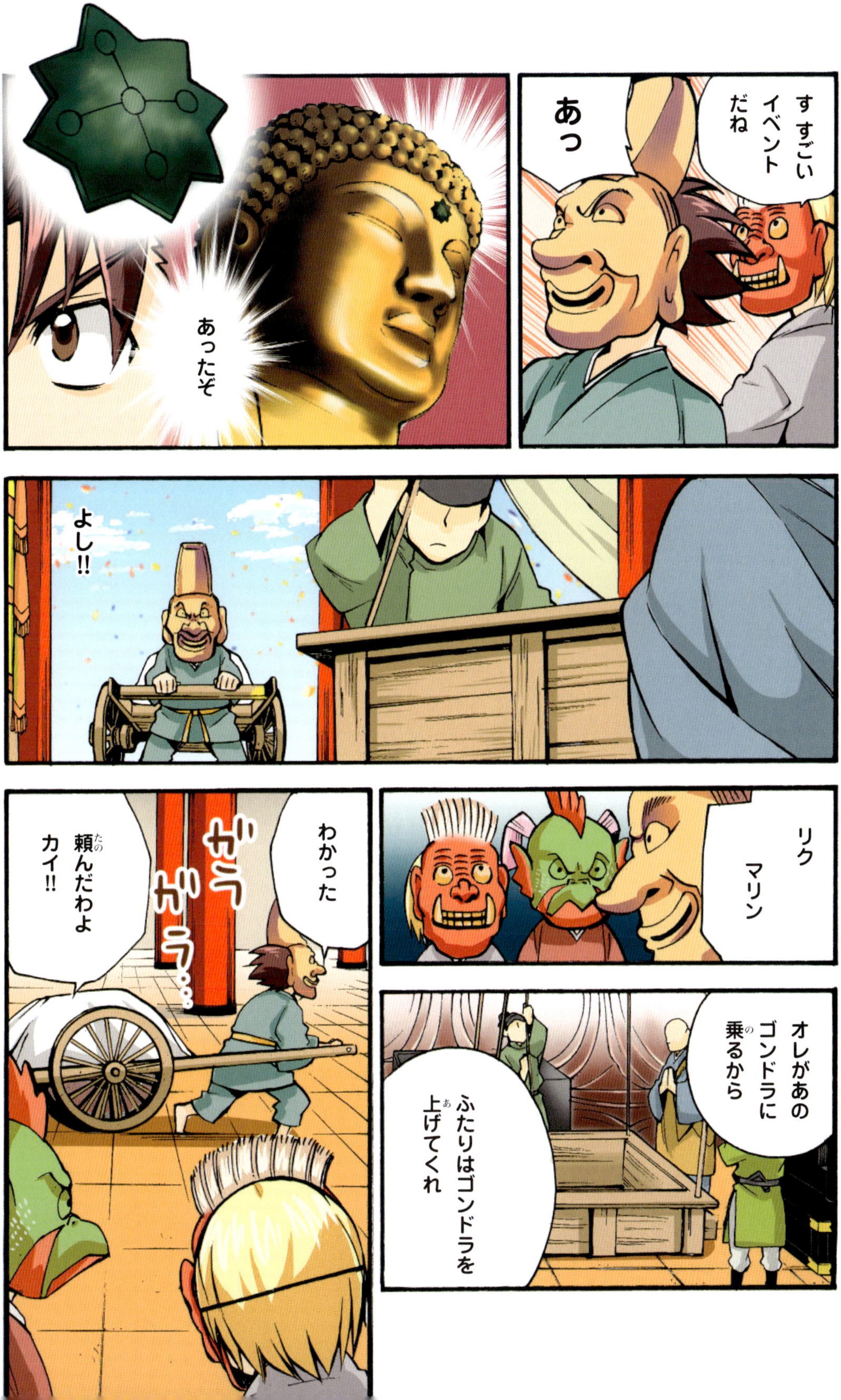
すすごいイベントだね
あっ
あったぞ
よし!!
リク
マリン
オレがあのゴンドラに乗《の》るから
ふたりはゴンドラを上《あ》げてくれ
わかった
ガラガラ…
頼《たの》んだわよ
カイ!!

ん……？
何だ
何《なん》の儀式《ぎしき》だ？
予定《よてい》にないぞ
ばっ。。
あれは……
おお…
あのこうらの持《も》ち主《ぬし》の
亀《かめ》ではないか
なんと……!!
これはさらにめでたい!!
これより急《きゅう》きょ「亀献上《かめけんじょう》の儀式《ぎしき》」を行《おこな》います
どいて。
このゴンドラをお借《か》りします

さあ早《はや》くゴンドラを上《あ》げるのです
は…はい
よし……
もうちょい……
お待《ま》ちください!!
今町《いままち》では子《こ》ども盗賊団《とうぞくだん》により亀《かめ》がさらわれたとのさわぎ
あやつは……子《こ》ども盗賊団《とうぞくだん》に違《ちが》いありません
ヤバい……

# 奈良時代《ならじだい》に活躍《かつやく》した人《ひと》たち

## ①外国《がいこく》で学《まな》んだ人《ひと》たち

奈良時代《ならじだい》には、唐《とう》の学問《がくもん》や文化《ぶんか》を学《まな》んだ留学生《りゅうがくせい》たちが日本《にほん》に帰国《きこく》して重要《じゅうよう》な地位《ちい》につき、さまざまな分野《ぶんや》で活躍《かつやく》していました。

聖武天皇《しょうむてんのう》の時代《じだい》は、吉備真備《きびのまきび》と玄昉《げんぼう》という、ふたりの元留学生《もとりゅうがくせい》が、天皇《てんのう》の信頼《しんらい》を得《え》て、政治《せいじ》の世界《せかい》で活躍《かつやく》しました。なかでも吉備真備《きびのまきび》は、唐《とう》で学《まな》んだ法律《ほうりつ》や軍事《ぐんじ》の知識《ちしき》を生《い》かして、日本《にほん》の発展《はってん》に尽《つ》くしました。

奈良時代《ならじだい》のキーパーソン 4

**唐《とう》から文化《ぶんか》を持《も》ち帰《かえ》った学者《がくしゃ》**

### 吉備真備《きびのまきび》

★生没年《せいぼつねん》 695～775年《ねん》
留学生《りゅうがくせい》や遣唐副使《けんとうふくし》として２回唐《かいとう》に渡《わた》り、書籍《しょせき》や楽器《がっき》など、唐《とう》（中国《ちゅうごく》）の文化《ぶんか》を数多《かずおお》く持《も》ち帰《かえ》った。軍事《ぐんじ》の知識《ちしき》も豊富《ほうふ》だった。

写真：朝日新聞社

## ②奈良時代《ならじだい》に活躍《かつやく》した僧《そう》

聖武天皇《しょうむてんのう》が仏教《ぶっきょう》によって国《くに》を守《まも》ろうと考《かんが》えるなど、奈良時代《ならじだい》の日本《にほん》にとって、仏教《ぶっきょう》は特別《とくべつ》な存在《そんざい》でした。平城京《へいじょうきょう》にはたくさんの大《おお》きな寺院《じいん》があり、多《おお》くの僧《そう》がいました。

もっとも、当時《とうじ》の仏教《ぶっきょう》は、貴族《きぞく》など偉《えら》い人《ひと》たちだけのもので、僧《そう》の活動《かつどう》はおもに、寺院《じいん》の中《なか》で仏《ほとけ》の道《みち》を説《と》いたり、お経《きょう》を読《よ》んだりすることでした。

しかし、寺院《じいん》を出《で》て一般《いっぱん》の人々《ひとびと》の中《なか》に入《はい》り、仏《ほとけ》の道《みち》を説《と》くだけでなく、人々《ひとびと》のために慈善事業《じぜんじぎょう》や社会事業《しゃかいじぎょう》を行《おこな》う僧《そう》もいました。なかでも行基《ぎょうき》という僧《そう》は、橋《はし》をかけたり貯水池《ちょすいち》をつくったりするなど、人々《ひとびと》の暮《く》らしが豊《ゆた》かになるように力《ちから》を尽《つ》くして慕《した》われました。

吉備真備《きびのまきび》は
わたしの家庭教師《かていきょうし》
でもあったのよ

奈良時代《ならじだい》のキーパーソン 6

**苦難《くなん》を乗《の》り越《こ》え来日《らいにち》した唐《とう》の名僧《めいそう》**

## 鑑真《がんじん》

★生没年《せいぼつねん》 688～763年《ねん》

聖武天皇《しょうむてんのう》の願《ねが》いにより、戒律《かいりつ》（仏教《ぶっきょう》のさまざまな決まり）を伝《つた》えるために唐《とう》から日本《にほん》にやってきた。奈良《なら》に唐招提寺《とうしょうだいじ》をつくった。

写真：朝日新聞社

奈良時代《ならじだい》のキーパーソン 5

**人々《ひとびと》のために尽《つ》くした名僧《めいそう》**

## 行基《ぎょうき》

★生没年《せいぼつねん》 668～749年《ねん》

禁止《きんし》されている民間布教《みんかんふきょう》をすすめ、多《おお》くの弟子《でし》と社会事業《しゃかいじぎょう》を行《おこな》った。また、聖武天皇《しょうむてんのう》の依頼《いらい》により、奈良《なら》の大仏《だいぶつ》づくりに協力《きょうりょく》した。

写真：フォトライブラリー

もの知《し》りコラム

## 目《め》が見《み》えなくなってもあきらめない！ 鑑真《がんじん》、日本《にほん》への道《みち》のり

鑑真《がんじん》が唐《とう》（中国《ちゅうごく》）から日本《にほん》にやってきたのは、聖武天皇《しょうむてんのう》の願《ねが》いにより、戒律《かいりつ》（仏教《ぶっきょう》のさまざまな決《き》まり）を教《おし》えることのできる人《ひと》を日本《にほん》に送《おく》ってほしいと頼《たの》まれたからでした。ほんとうは弟子《でし》の中《なか》から選《えら》ぶはずでしたが、日本《にほん》までの命《いのち》がけの旅《たび》に誰《だれ》もがしり込《ご》みしたために、自《みずか》ら行《い》くことにしたのです。

◆　◆　◆

日本《にほん》への旅《たび》はたいへんなものでした。嵐《あらし》による遭難《そうなん》などで5回《かい》も失敗《しっぱい》し、失明《しつめい》までしてしまいます。しかし鑑真《がんじん》は決《けっ》してあきらめず、6回目《かいめ》の挑戦《ちょうせん》でついに成功《せいこう》。753（天《てん》平勝宝《びょうしょうほう》5）年《ねん》に日本《にほん》に上陸《じょうりく》しました。

**鑑真《がんじん》が上陸《じょうりく》した秋目浦《あきめうら》（鹿児島県《かごしまけん》）**

6回目《かいめ》の挑戦《ちょうせん》で、鑑真《がんじん》は最初沖縄《さいしょおきなわ》にたどりつき、屋久島《やくしま》を経《へ》て、現在《げんざい》の鹿児島県《かごしまけん》の秋目浦《あきめうら》に上陸《じょうりく》した

写真：朝日新聞社

# 9章《しょう》 最後《さいご》のこうらを手《て》に入《い》れろ！

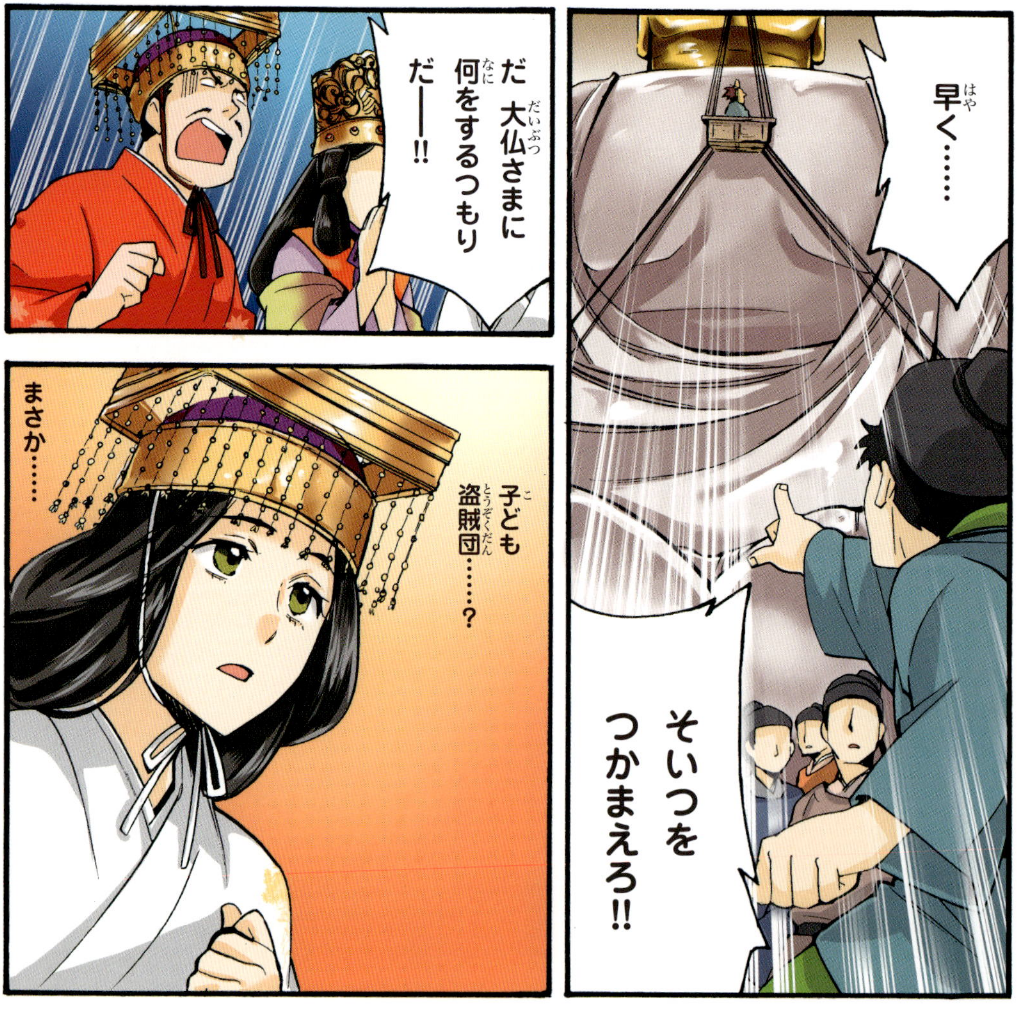

すると……おまえたちも
いや
その…
あの…
ダッ
コラ
待《ま》て
くそ
ガゴン
うわ……
すぐにゴンドラを下《お》ろすんだ！
くそ！
ここで
あきらめられるかー
ガッ
ダッ

コーン…
やっぱり……
こうらが見つかった時《とき》から来《く》ると思《おも》っていましたよ
カイ……!!
ぎぎぎぎ
何《なん》という罰当《ばちあ》たりな……
早《はや》く……早《はや》くそいつを取《と》り押《お》さえるのだ
すぐに追《お》いかけろ!
人《ひと》を集《あつ》めろ!!

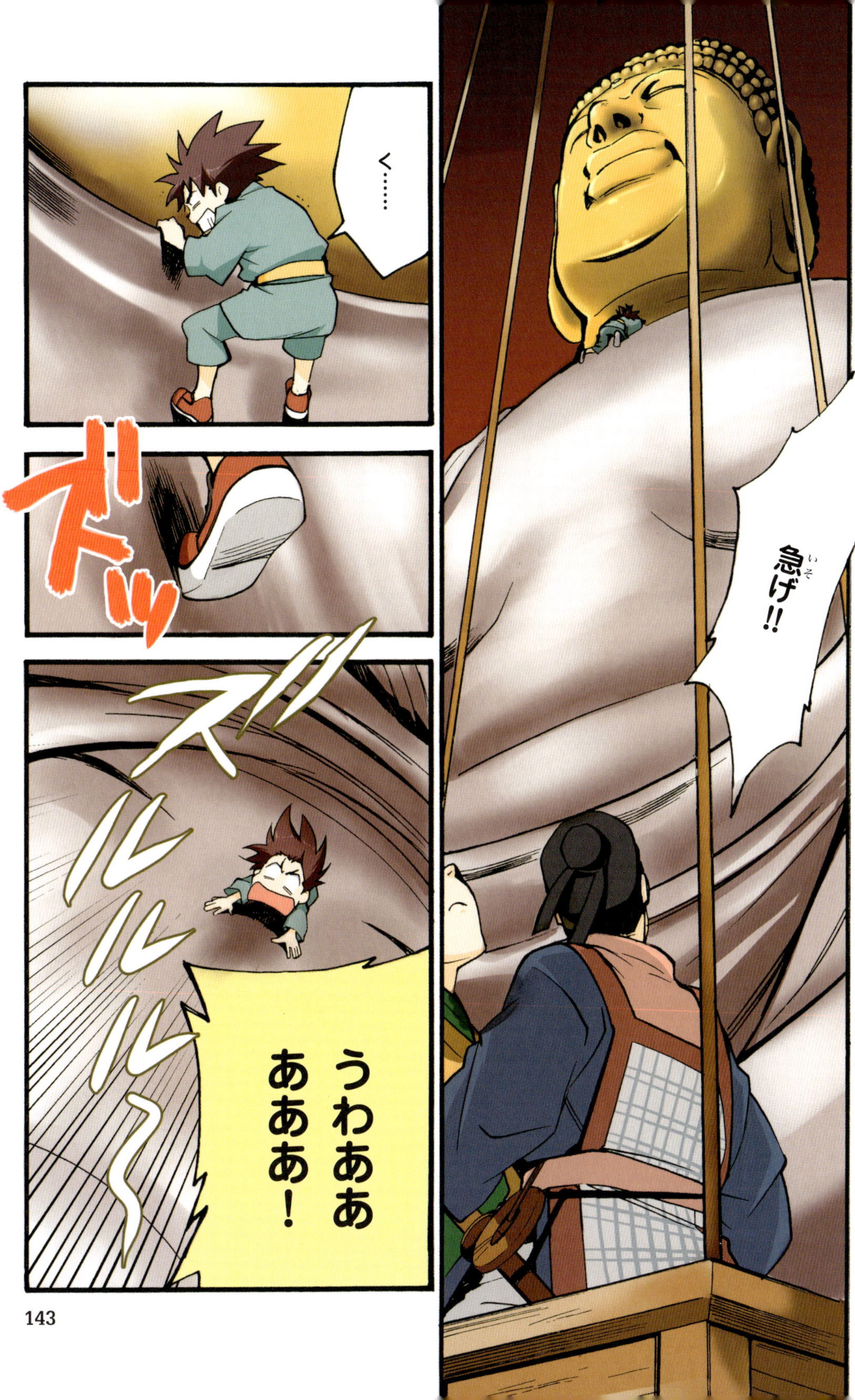

急《いそ》げ!!
く……
ズドッ
ズルルル～
うわあああああ！

カイ……!!
グイ
きゃっ
ダッ
痛《いた》いっ
ズッ
ぽか
間違《まちが》いない
子《こ》ども
盗賊団《とうぞくだん》だ!!
ガッ
うぎぎ
ぎ……
ぐ……
よし……
もう少《すこ》しだ!

うおぉおおお!!
横《よこ》に回《まわ》り込《こ》まれた
くそ……
は
はあ
いやあ——
早《はや》く早《はや》く……つかまえて——
カイ……がんばって
よし
はあ
はあ

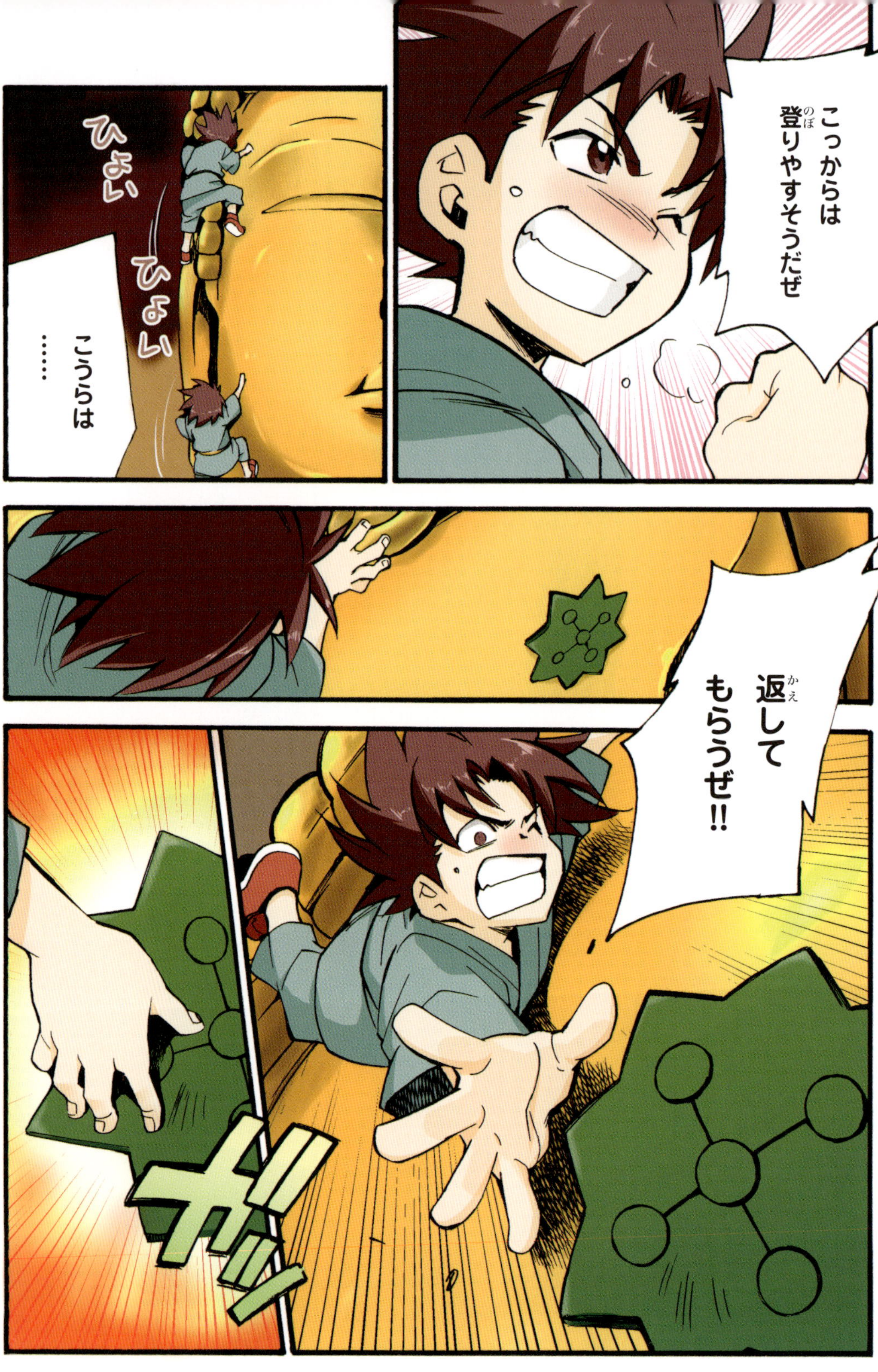
こっからは登《のぼ》りやすそうだぜ
ひょい、
ひょい
こうらは……
返《かえ》してもらうぜ!!
ガッ

やった……
ズル…
あっ
ああ……

どすん
いてっ
いってえ——
はっ
こ
こうら……
しまっ…
ああ……
つかまえたぞ

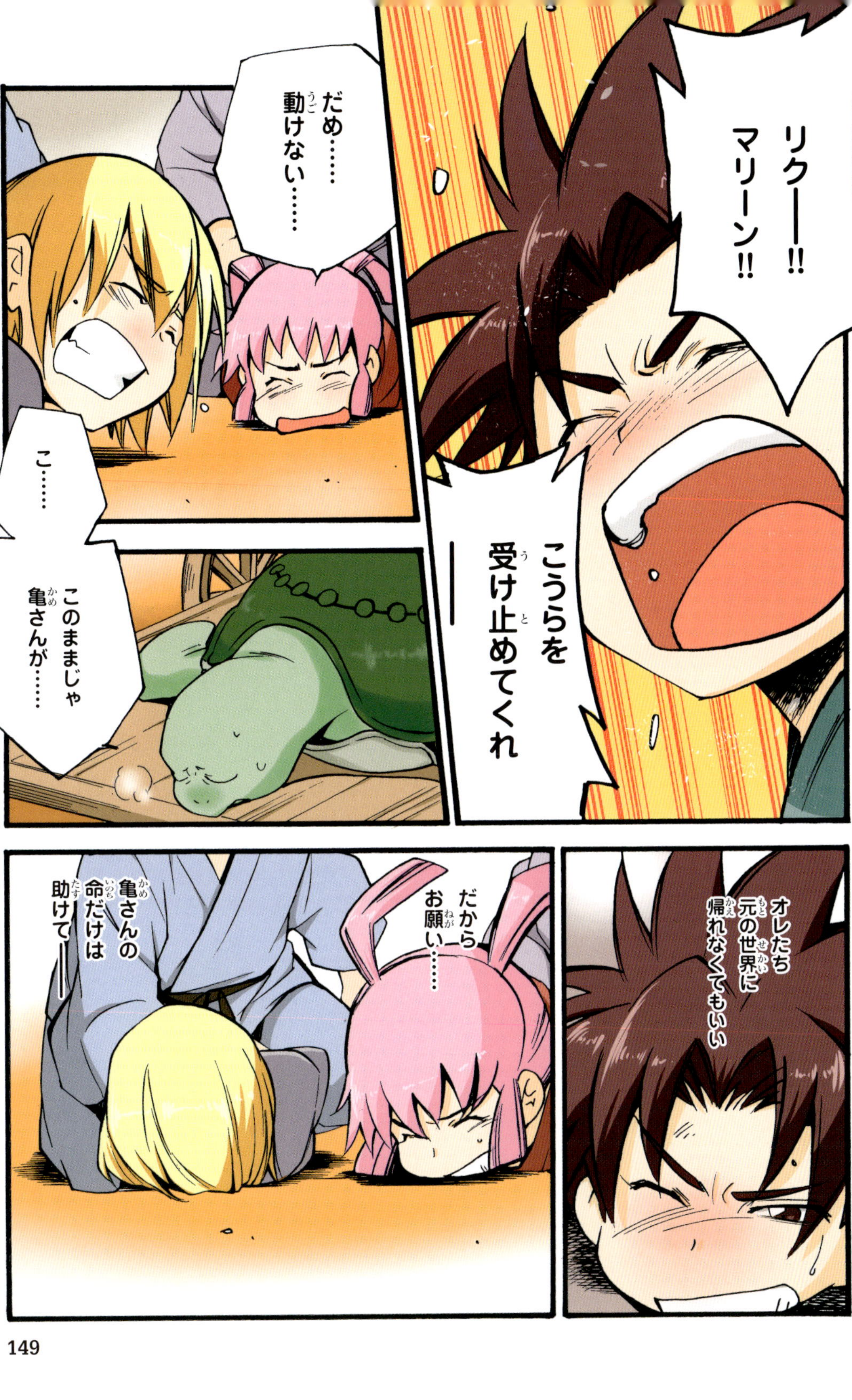

リクーー!!
マリーン!!
だめ……
動《うご》けない……
こうらを
受《う》け止《と》めてくれ
ー
こ……
このままじゃ
亀《かめ》さんが……
オレたち
元《もと》の世界《せかい》に
帰《かえ》れなくてもいい
だから
お願《ねが》い……
亀《かめ》さんの
命《いのち》だけは
助《たす》けてーー

ヒュー
はしっ
おお
だ……だれか知《し》らんが
よくぞ受《う》け止《と》めてくれた
ほうびをとらそう!
さあ こうらを渡《わた》しなさい
あっ
あいつら……

ズン
ズン
な……
何《なん》の用《よう》だ!!
こんなところまで
追《お》ってきたのか……?
ほらよ
亀《かめ》……
助《たす》けるんだろ
え……?
あいつ
なんで?

こ……この無礼者《ぶれいもの》は何《なん》だ!?
お父《とう》さま
なぜ こうらを渡《わた》してしまうのじゃ
それはもともとその子《こ》たちのものなのです
は?
阿倍《あべ》まで何《なに》を言《い》っている
このこうらがこの子《こ》らのものという証拠《しょうこ》はあるのか?
そ……
それは……
証拠《しょうこ》ならありますよ
ウソだと思《おも》うなら
あの子《こ》たちの手《て》で亀《かめ》にこうらをはめさせたらいい

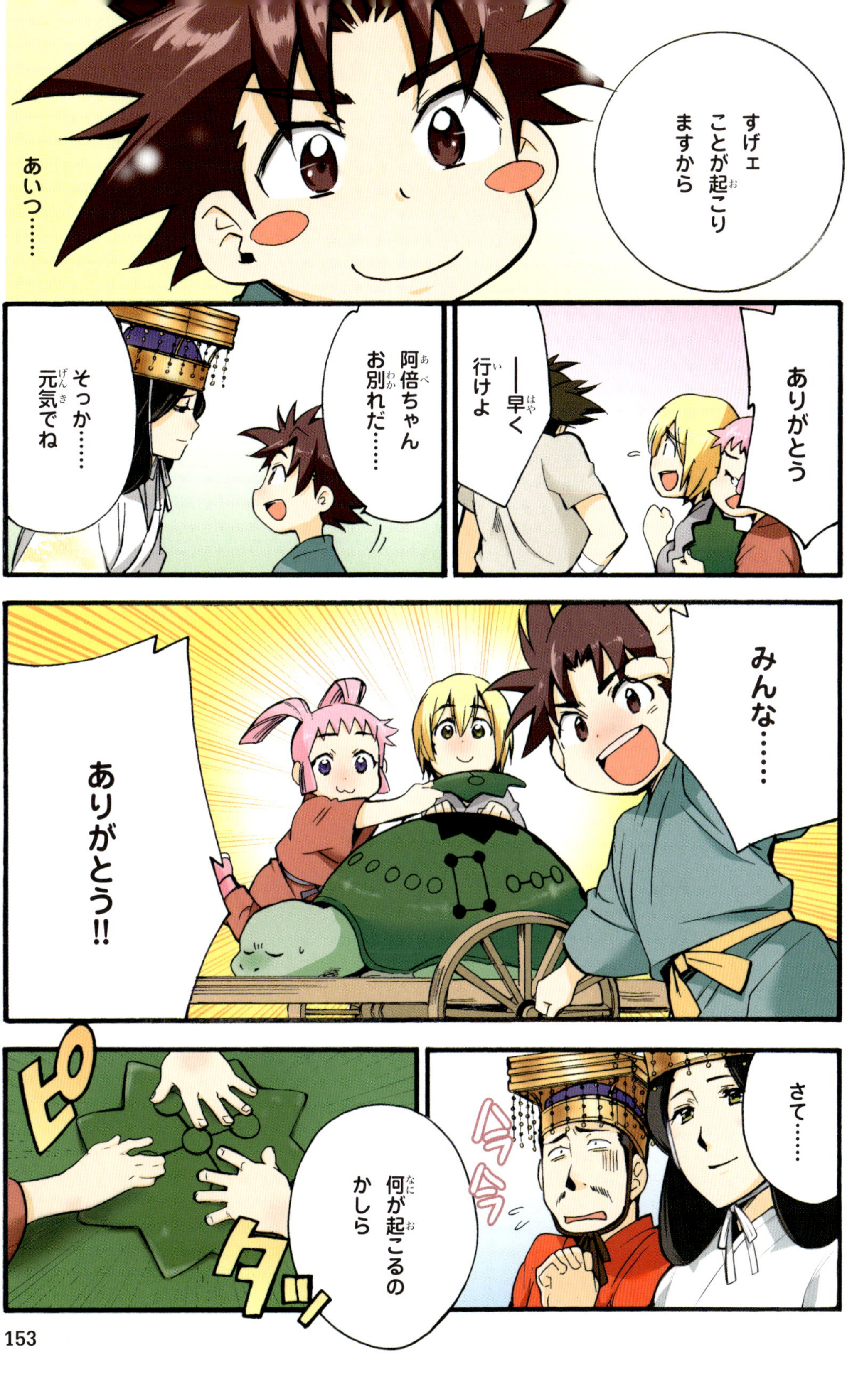
すげェ ことが起《お》こり ますから
あいつ……
ありがとう
──早《はや》く 行《い》けよ
阿倍《あべ》ちゃん お別《わか》れだ……
そっか…… 元気《げんき》でね
みんな……
ありがとう!!
さて……
何《なに》が起《お》こるの かしら
ピ
タッ

# 今《いま》に伝《つた》わる聖武天皇《しょうむてんのう》の宝物《たからもの》

## ① 世界中《せかいじゅう》から集《あつ》めたゴージャスな品々《しなじな》

東大寺大仏殿《とうだいじだいぶつでん》の裏《うら》にある正倉院《しょうそういん》は、奈良時代《ならじだい》につくられた倉庫《そうこ》です。ここには、聖武天皇《しょうむてんのう》が愛用《あいよう》していたものや宝物《たからもの》などがおさめられています。

その品々《しなじな》は、日本製《にほんせい》のものだけではなく、唐《とう》や朝鮮《ちょうせん》半島《はんとう》の新羅《しらぎ》、さらには、遠《とお》く中東《ちゅうとう》からはるばる運《はこ》ばれてきたものもあります。これらの貴重《きちょう》な品々《しなじな》は、千年《せんねん》以上《いじょう》の時《とき》を越《こ》えて、大切《たいせつ》に保管《ほかん》されています。正倉院《しょうそういん》は、奈良時代《ならじだい》の文化《ぶんか》を今《いま》に伝《つた》えるタイムカプセルといえるでしょう。

正倉院正倉《しょうそういんしょうそう》
三角形《さんかくけい》の材木《ざいもく》を積《つ》み上《あ》げて壁《かべ》をつくる「校倉造《あぜくらづくり》」の建物《たてもの》。床《ゆか》を地面《じめん》から離《はな》した「高床倉庫《たかゆかそうこ》」なので、風通《かぜとお》しがよく、カビなども生《は》えにくかった

写真：朝日新聞社

唐櫃《からびつ》
宝物《たからもの》が保管《ほかん》されていた箱《はこ》。湿度《しつど》の変化《へんか》や虫《むし》から宝物《たからもの》を守《まも》る働《はたら》きがあった

正倉院正倉蔵

もの知《し》りコラム

### 日本最古《にほんさいこ》の歴史書《れきししょ》 『古事記《こじき》』と『日本書紀《にほんしょき》』

『古事記《こじき》』と『日本書紀《にほんしょき》』は、奈良時代《ならじだい》に完成《かんせい》した現存《げんそん》する日本最古《にほんさいこ》の歴史書《れきししょ》です。『古事記《こじき》』は神話《しんわ》の時代《じだい》からの天皇家《てんのうけ》の歴史書《れきししょ》、『日本書紀《にほんしょき》』は、中国《ちゅうごく》の歴史書《れきししょ》にならって当時《とうじ》の朝廷《ちょうてい》がつくった公式《こうしき》の歴史書《れきししょ》です。

『古事記《こじき》』の編《へん》さんにかかわったとされているのが、稗田《ひえだの》阿礼《あれ》です。阿礼《あれ》は、とんでもなく記憶力《きおくりょく》がよいことを見込《みこ》まれ、天皇家《てんのうけ》の歴史《れきし》を暗記《あんき》する仕事《しごと》をしていました。『古事記《こじき》』は、阿礼《あれ》が暗記《あんき》していた物語《ものがたり》を文字《もじ》で書《か》き起《お》こしたものです。

瑠璃坏《るりのつき》
紺色《こんいろ》のガラスでできた美《うつく》しいグラス
正倉院正倉蔵

螺鈿紫檀五絃琵琶《らでんしたんのごげんびわ》
5本《ほん》の弦《げん》を持《も》つ琵琶《びわ》は、現存《げんそん》するものでは、世界《せかい》でこれひとつだけ。ラクダの模様《もよう》には、夜光貝《やこうがい》などが使《つか》われているが、現在《げんざい》では手《て》に入《はい》らないほど大《おお》きなものも
正倉院正倉蔵

紅牙《こうげ》・紺牙撥鏤碁子《こんげばちるのきし》
美《うつく》しい鳥《とり》の絵《え》が描《えが》かれた碁石《ごいし》
正倉院正倉蔵

双六頭《すごろくとう》
サイコロ。双六《すごろく》をするときに使《つか》った
正倉院正倉蔵

木画紫檀碁局《もくがしたんのききょく》
引《ひ》き出《だ》しが内蔵《ないぞう》されている碁盤《ごばん》。引《ひ》き出《だ》しの中《なか》には、亀《かめ》とスッポンをかたどった碁石《ごいし》入れがある
正倉院正倉蔵

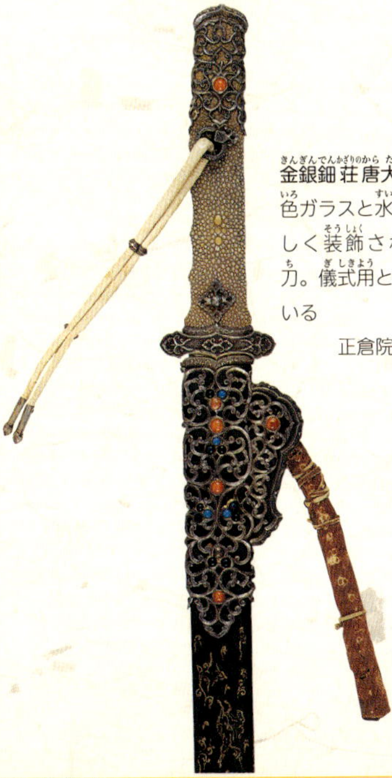

金銀鈿荘唐《きんぎんでんかざりのから》大刀《たち》
色《いろ》ガラスと水晶《すいしょう》で美《うつく》しく装飾《そうしょく》された太刀《たち》。儀式用《ぎしきよう》とされている
正倉院正倉蔵

# 10章《しょう》

# さよなら 奈良時代《ならじだい》！

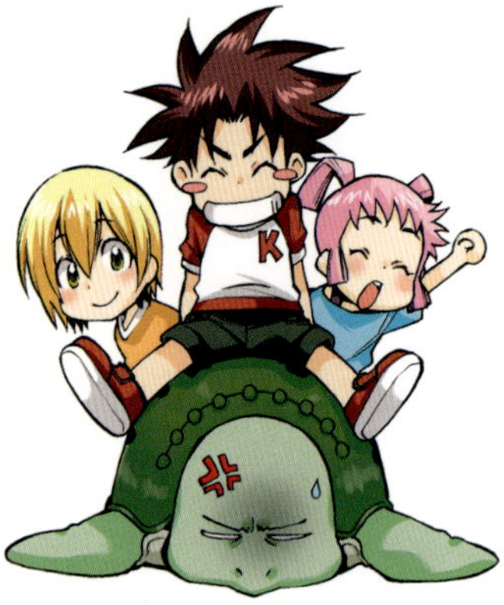

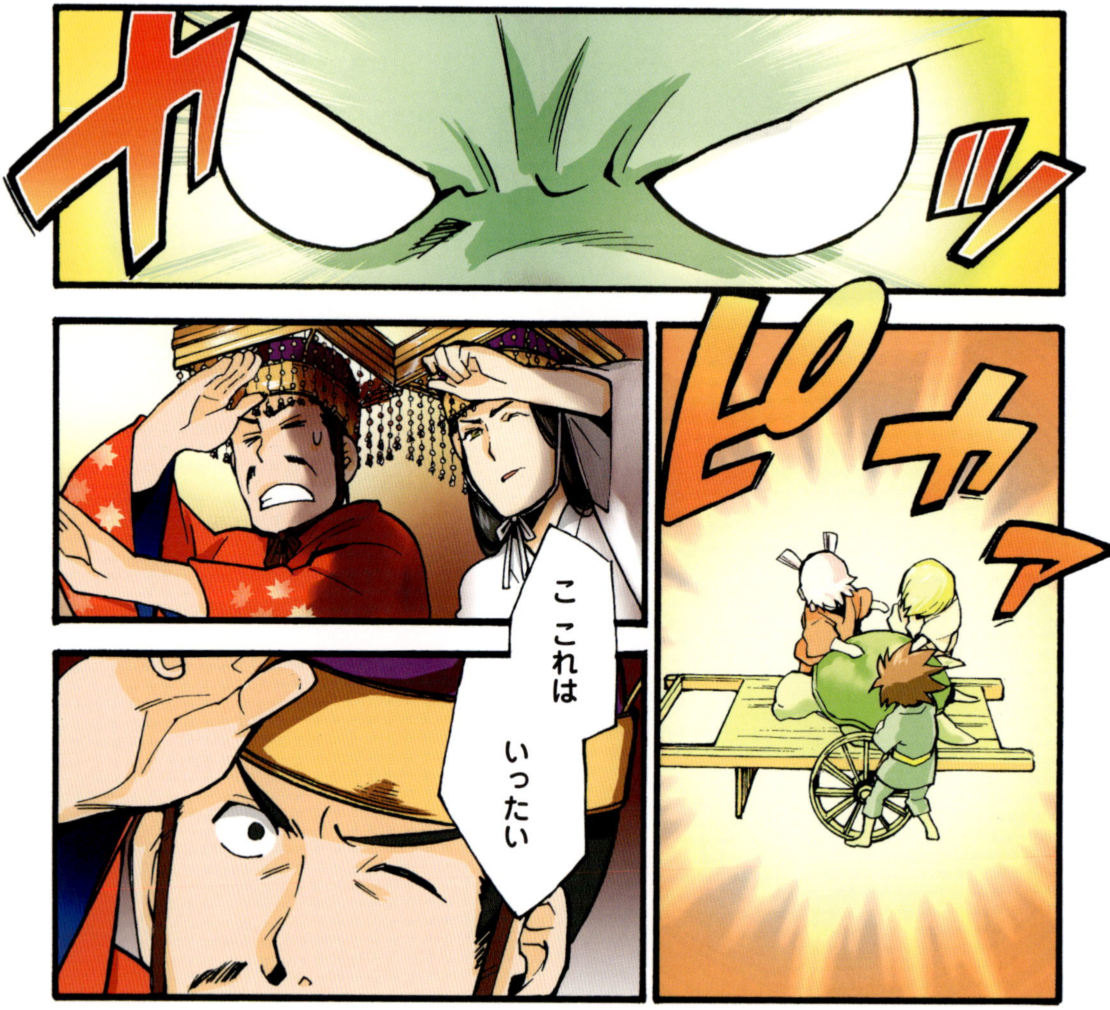

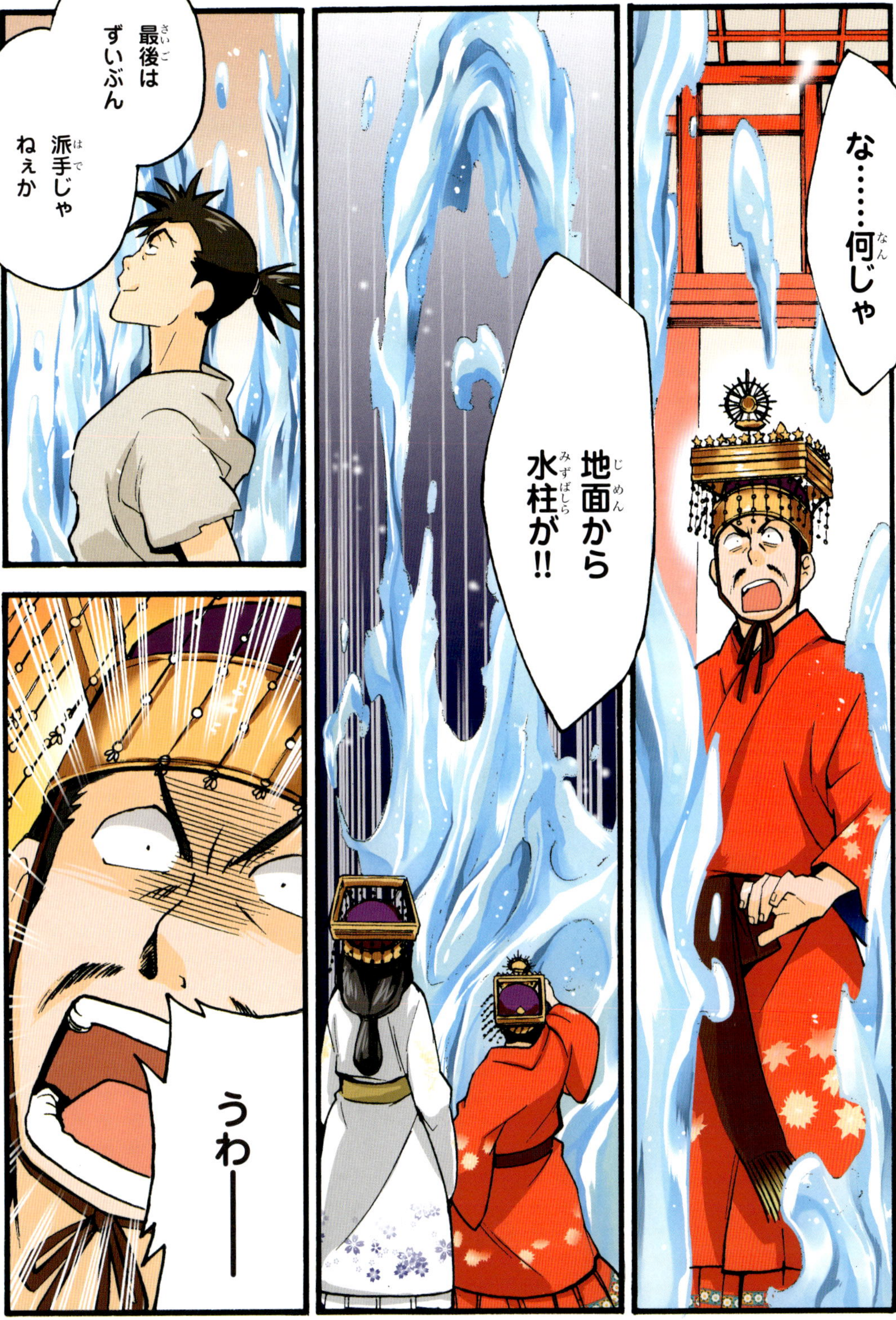
な……何《なん》じゃ
地面《じめん》から水柱《みずばしら》が!!
最後《さいご》はずいぶん派手《はで》じゃねぇか
うわーーー

ドド
ドドオオオ!

シュウウウウ…
何《なん》ということだ
これは……
奇跡《きせき》だ!!
お父《とう》さま
あの者《もの》たちはきっと仏《ほとけ》の使《つか》い……
大仏《だいぶつ》さまの完成《かんせい》を祝《いわ》いに来《こ》られたのだわ
この国《くに》はますます栄《さか》え
この大仏《だいぶつ》も民《たみ》の手《て》によって何千年《なんぜんねん》も大切《たいせつ》にされることでしょう
わたしも天皇《てんのう》としてこの国《くに》が栄《さか》えていくよう
よい政治《せいじ》をいたします

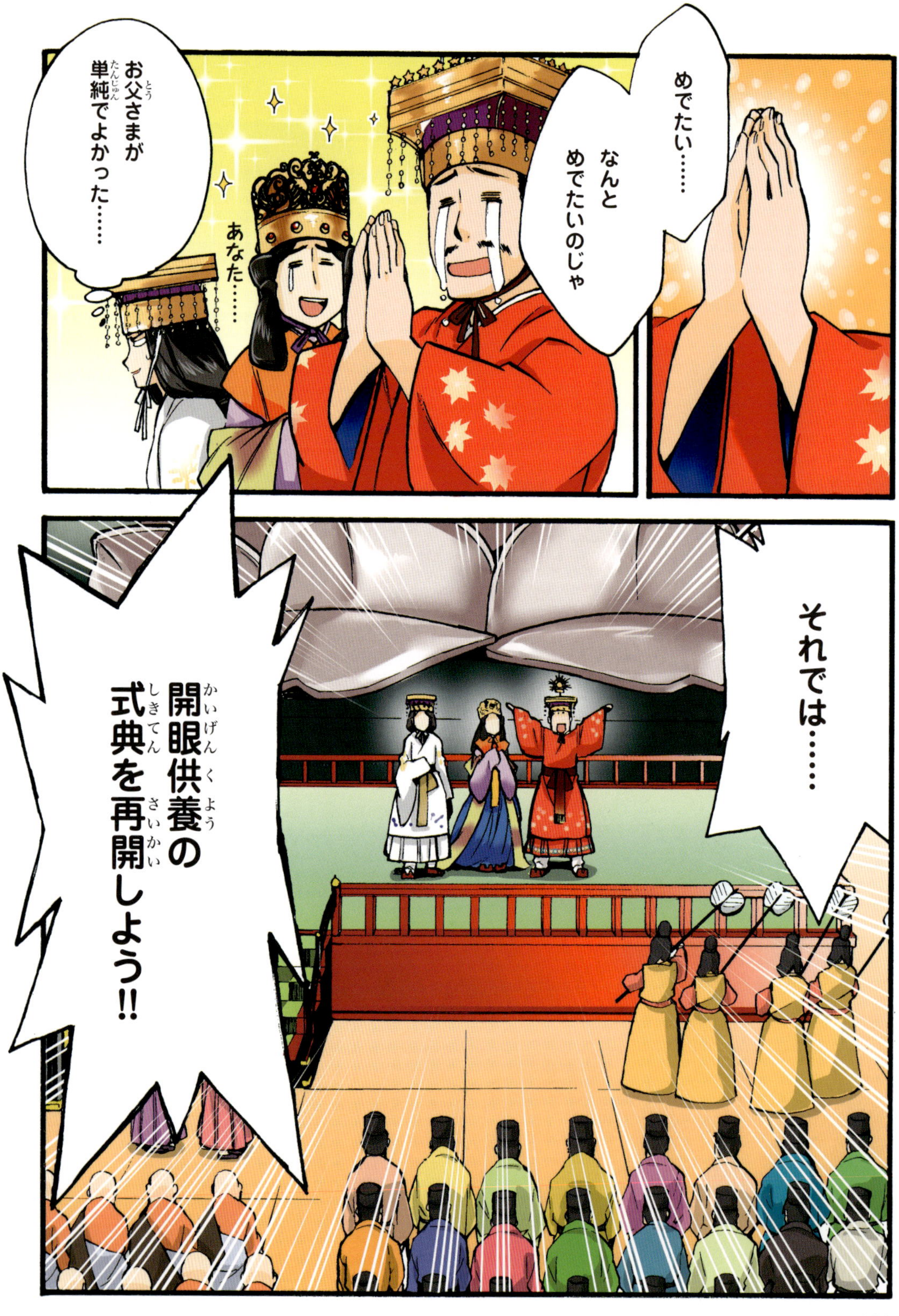
めでたい……
なんと めでたいのじゃ
あなた……
お父《とう》さまが単純《たんじゅん》でよかった……
それでは……
開眼《かいげん》供養《くよう》の式典《しきてん》を再開《さいかい》しよう!!

えーっと……
あっ
ちょっと待《ま》って
さっきはありがとう
おかげで助《たす》かりました
何《なに》かお礼《れい》を……
別《べつ》にオレは何《なに》もしてませんよ
じゃあ

え〜親分《おやぶん》〜
うるせえっ!!
せっかくだから何《なに》かもらいましょうよォ〜
カイ
マリン
リク……
——またどこかで会《あ》えるかしら——

現代《げんだい》
ぷはぁっ
ピューー！
こ……
ここは……
いったい？
現代《げんだい》だ!!
オレたちの
学校《がっこう》だーー
ここ
学校《がっこう》の池《いけ》じゃ
ない！
ぎゃーっ

亀《かめ》さん……
そうだー 亀《かめ》じーさんは!?
亀《かめ》さん どこ!?
どこに いるの？
ここじゃ
よかった あー一っ
やめんか 一一っ
ざぱーん
まったく おまえたちに 関《かか》わると ろくなことが ないわい

ぎくっ
じゃがな…… 4千年《せんねん》 生《い》きてきて いちばんたいへんで
いちばん楽《たの》しい冒険《ぼうけん》じゃった
へへ……
くすっ
しかし さすがに 疲《つか》れた…… しばらくは この池《いけ》にすんで 養生《ようじょう》すると しよう
マジ!?
リク わたしの世話《せわ》を 頼《たの》んだぞ
あ…… ハイ
冒険《ぼうけん》のたびに ペットが増《ふ》える リク……

神《かみ》の亀《かめ》に向《む》かってペットとはなんじゃペットとは――
ウソウソ 友達《ともだち》 友達《ともだち》♪
次《つぎ》はどこ行《い》こうかな――
「奈良時代《ならじだい》へタイムワープ」終《お》わり。

# 平城京《へいじょうきょう》から平安京《へいあんきょう》へ

## ① 奈良時代後半《ならじだいこうはん》の政治《せいじ》の乱《みだ》れ

奈良時代後半《ならじだいこうはん》は、政治《せいじ》が大《おお》きく乱《みだ》れました。朝廷《ちょうてい》内《ない》での権力《けんりょく》をめぐって貴族《きぞく》たちが対立《たいりつ》したり、国家《こっか》の保護《ほご》を受《う》けていた寺院《じいん》が政治《せいじ》と深《ふか》く結《むす》びつきすぎたりしたためです。

また、東北地方《とうほくちほう》では*蝦夷《えみし》とよばれる人《ひと》たちが、朝《ちょう》廷《てい》に対《たい》して反乱《はんらん》を起《お》こしました。

そんななか、桓武天皇《かんむてんのう》が天皇《てんのう》の位《くらい》につきました。

## ② 桓武天皇《かんむてんのう》、平城京《へいじょうきょう》を捨《す》てる

桓武天皇《かんむてんのう》は、政治《せいじ》の乱《みだ》れを解決《かいけつ》するために、政治《せいじ》改革《かいかく》を始《はじ》めました。

桓武天皇《かんむてんのう》の政治《せいじ》は、「軍事《ぐんじ》と造作《ぞうさく》」という言葉《ことば》で表《あらわ》されます。軍事《ぐんじ》とは、蝦夷討伐《えみしとうばつ》のことです。天皇《てんのう》は、坂上田村麻呂《さかのうえのたむらまろ》などを派遣《はけん》して東北地方《とうほくちほう》を平定《へいてい》し、広《こう》大《だい》な土地《とち》と人々《ひとびと》を支配下《しはいか》に置《お》くことで、国《くに》を安定《あんてい》させようとしたのです。

*蝦夷《えみし》＝古代日本《こだいにほん》で、東北地方《とうほくちほう》に住《す》み、朝廷《ちょうてい》に従《したが》わない人々《ひとびと》

もの知《し》りコラム

### 僧《そう》が天皇《てんのう》に？ 「道鏡事件《どうきょうじけん》」

奈良時代後半《ならじだいこうはん》の政治《せいじ》の乱《みだ》れの中《なか》で起《お》きた大《おお》きな事件《じけん》のひとつに、「道鏡事件《どうきょうじけん》」があります。これは、称徳天皇《しょうとくてんのう》（阿《あ》倍内親王《べのないしんのう》）が深《ふか》い信頼《しんらい》を寄《よ》せていた道鏡《どうきょう》という僧《そう》が、称徳《しょうとく》天皇《てんのう》の後継者《こうけいしゃ》として天皇《てんのう》になろうとしたとされる事件《じけん》です。

◆ ◆ ◆

天皇《てんのう》の血《ち》をひかない人物《じんぶつ》が天皇《てんのう》の位《くらい》につこうとするのは前代未聞《ぜんだいみもん》の大事件《だいじけん》。貴族《きぞく》らの反発《はんぱつ》により、道鏡《どうきょう》の野望《やぼう》は打《う》ち砕《くだ》かれることとなりました。

江戸時代《えどじだい》の歌舞伎《かぶき》に登場《とうじょう》する道鏡《どうきょう》

早稲田大学演劇博物館所蔵

（101-3444「恵方曽我万吉原」）

奈良《なら》時代《じだい》のキーパーソン 7

平安京《へいあんきょう》に都《みやこ》を移《うつ》した天皇《てんのう》

# 桓武天皇《かんむてんのう》

★生没年《せいぼつねん》 737～806年《ねん》

平安時代最初《へいあんじだいさいしょ》の天皇《てんのう》。都《みやこ》を平安京《へいあんきょう》に移《うつ》し、東《とう》北地方《ほくちほう》を支配下《しはいか》におくなどの政治改革《せいじかいかく》により、強《つよ》い国《くに》づくりを行《おこな》った。

東京大学史料編纂所所蔵模写

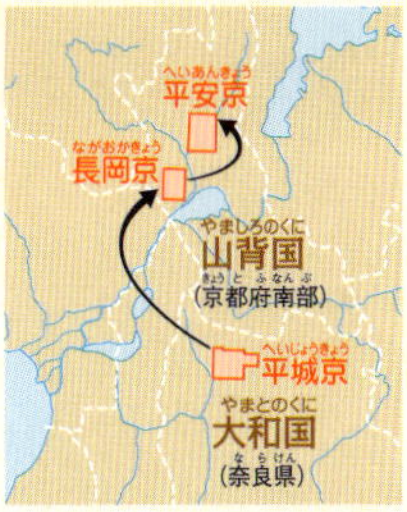


桓武天皇《かんむてんのう》の「遷都《せんと》」
最初《さいしょ》は長岡京《ながおかきょう》に都《みやこ》を移《うつ》した。しかし、工事責任者《こうじせきにんしゃ》の暗殺《あんさつ》などにより、長岡京《ながおかきょう》を放棄《ほうき》して、新《あら》たに平安京《へいあんきょう》をつくった

造作《ぞうさく》とは、新《あたら》しい都《みやこ》をつくることです。対立《たいりつ》する貴族《きぞく》や寺院勢力《じいんせいりょく》の影響力《えいきょうりょく》のない新《あら》たな場所《ばしょ》で政治《せいじ》を行《おこな》おうとしたのです。

794（延暦《えんりゃく》13）年《ねん》、桓武《かんむ》天皇《てんのう》は都《みやこ》を平安京《へいあんきょう》（京都府《きょうとふ》）に移《うつ》しました。こうして奈良《なら》時代《じだい》は終《お》わりを迎《むか》え、平安時《へいあんじ》代《だい》が始《はじ》まったのです。

もの知りコラム

## 平城京《へいじょうきょう》から都《みやこ》を移《うつ》した本当《ほんとう》の理由《りゆう》？ 平城京《へいじょうきょう》のゴミ問題《もんだい》

平城京《へいじょうきょう》には、10万人《まんにん》もの人《ひと》が住《す》んでいたとされます。これだけの人《ひと》が住《す》んでいれば、出《で》るゴミも大量《たいりょう》になります。

平城京《へいじょうきょう》では、道路《どうろ》の溝《みぞ》や敷地《しきち》に掘《ほ》られた穴《あな》がゴミ捨《す》て場《ば》でした。溝《みぞ》は2mほどの深《ふか》さがありましたが、溝《みぞ》さらいをしても追《お》いつかず、ゴミはどんどんたまっていき、ついには溝《みぞ》が埋《う》まってしまうところもありました。また、ウンチやオシッコも道路《どうろ》の溝《みぞ》で処理《しょり》していましたが、あふれかえって井戸水《いどみず》と混《ま》ざり、伝染病発生《でんせんびょうはっせい》の原因《げんいん》にもなりました。

◆　◆　◆

桓武天皇《かんむてんのう》が、平城京《へいじょうきょう》を捨《す》てて新《あたら》しい都《みやこ》をつくった理由《りゆう》のひとつは、平城京《へいじょうきょう》のゴミ処理《しょり》が限界《げんかい》に近《ちか》かったからだと考《かんが》える人《ひと》もいます。

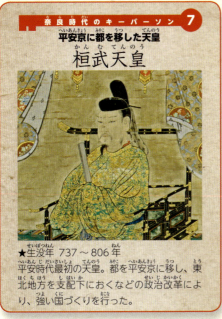

# 教《おし》えて!! 河合《かわい》先生《せんせい》

奈良時代《ならじだい》おまけ話《ばなし》

ぼくといっしょに、
タイムワープの冒険《ぼうけん》を振《ふ》り返《かえ》ろう。
マンガの裏話《うらばなし》や、時代《じだい》にまつわる
おもしろ話《ばなし》も紹介《しょうかい》するよ!

歴史研究家《れきしけんきゅうか》：河合《かわい》 敦《あつし》先生《せんせい》

## 1 奈良時代《ならじだい》 ヒトコマ 博物館《はくぶつかん》

### 大仏開眼供養《だいぶつかいげんくよう》で実際《じっさい》に用《もち》いられた品々《しなじな》

正倉院正倉蔵

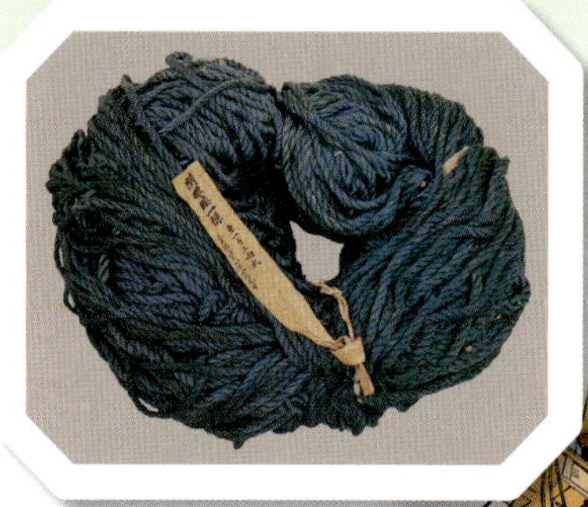

▲縹縷《はなだのる》
藍色《あいいろ》に染《そ》めた絹《きぬ》のひもを束《たば》ねたもの。大仏《だいぶつ》に目《め》を入《い》れる筆《ふで》につけられ、その場《ば》にいた人《ひと》たちはひもを手《て》にする形《かたち》がとられた

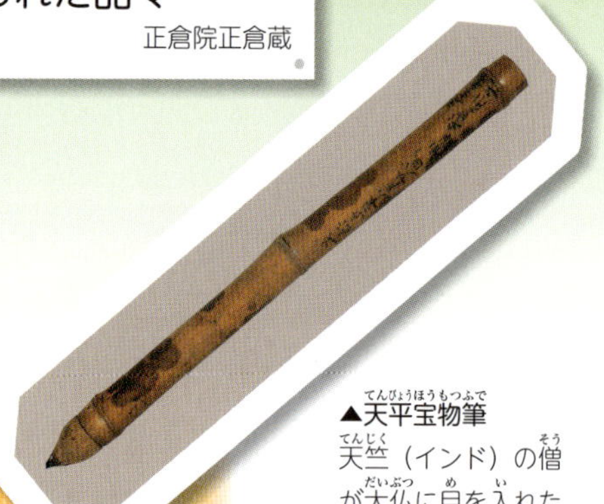

▲天平宝物筆《てんぴょうほうもつふで》
天竺《てんじく》（インド）の僧《そう》が大仏《だいぶつ》に目《め》を入《い》れた、長《なが》さ56.6㎝の筆《ふで》。その後《ご》焼失《しょうしつ》した大仏《だいぶつ》が1185（文治元《ぶんじがん》）年《ねん》に再建《さいけん》された時《とき》の開《かい》眼供養《げんくよう》でも使用《しよう》された

▲752（天平勝宝《てんぴょうしょうほう》4）年《ねん》に、聖武天皇《しょうむてんのう》（この時《とき》はすでに退位《たいい》して上皇《じょうこう》）が待《ま》ち望《のぞ》んでいた大仏開眼供養《だいぶつかいげんくよう》がとりおこなわれた

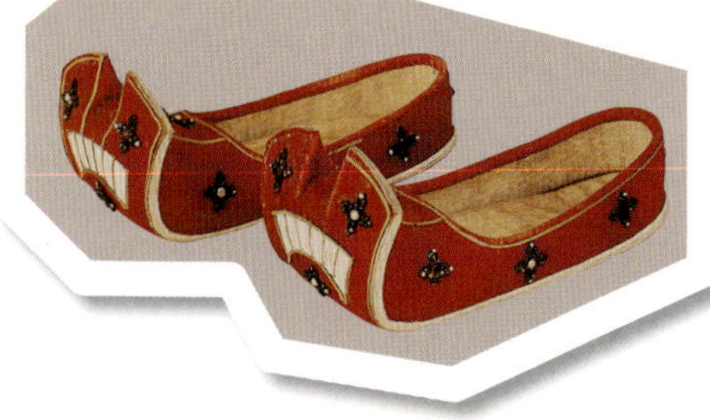

◀納御礼履《のうのごらいり》
聖武天皇《しょうむてんのう》（上皇《じょうこう》）が大仏開眼供養《だいぶつかいげんくよう》で履《は》いていたと考《かんが》えられる、つま先《さき》が反《そ》り上《あ》がった靴《くつ》。牛革《ぎゅうかわ》を赤《あか》く染《そ》め、花《はな》の形《かたち》をした金《かな》具《ぐ》があしらわれている

## 開眼供養《かいげんくよう》のイベント、無事《ぶじ》に行《おこな》われたのかな？

**河合先生《かわいせんせい》**：みんなお帰《かえ》り！　神《かみ》の亀《かめ》さん、学校《がっこう》の池《いけ》のすみ心地《ごこち》はいかがですか？

リクがよく世話《せわ》をしてくれておる

**カイ**：亀《かめ》じーさんが無事《ぶじ》でよかったよ！　ところでさ、オレたちが去《さ》ったあと、大仏《だいぶつ》開眼《かいげん》のイベントは、どうなったの？

**河合先生《かわいせんせい》**：天竺《てんじく》（インド）から日本《にほん》に来《き》ていた、菩提僊那《ぼだいせんな》という偉《えら》いお坊《ぼう》さんが大《おお》きな筆《ふで》で目《め》を入《い》れたりして終《お》わったよ。

**マリン**：聖武天皇《しょうむてんのう》（上皇《じょうこう》）さん、願《ねが》いがかなってよかったね。

**河合先生《かわいせんせい》**：このイベントで、菩提僊那《ぼだいせんな》が持《も》った筆《ふで》や、参加者《さんかしゃ》が手《て》にしていたひもが、正倉院《しょうそういん》（→154ページ）に残《のこ》っているよ。

**リク**：千年以上経《せんねんいじょうた》っているのにすごい！

**河合先生《かわいせんせい》**：この日《ひ》、聖武天皇《しょうむてんのう》が履《は》いていたと考《かんが》えられる靴《くつ》も残《のこ》っているよ。

**マリン**：赤《あか》くてオシャレね！

**河合先生《かわいせんせい》**：奈良時代《ならじだい》は国際色《こくさいしょく》が豊《ゆた》かな唐《とう》（中国《ちゅうごく》）の影響《えいきょう》を受《う》けた「天平文化《てんぴょうぶんか》」が花《はな》開《ひら》いた時代《じだい》。その時《とき》につくられたり、外国《がいこく》から運《はこ》ばれてきたものが、東大寺《とうだいじ》の正倉院《しょうそういん》に、今《いま》も保管《ほかん》されているんだ。

それでは……
開眼供養《かいげんくよう》の式典《しきてん》を再開《さいかい》しよう!!

## 奈良《なら》の大仏《だいぶつ》も当時《とうじ》のまま残《のこ》ってるの？

**カイ**：じゃあ、大仏《だいぶつ》も奈良時代《ならじだい》のものが、そのまんま残《のこ》っているの？

**河合先生《かわいせんせい》**：それがそうでもないんだ。まず、平安時代《へいあんじだい》はじめ頃《ごろ》の大地震《おおじしん》で首《くび》が落《お》ちた。次《つぎ》に平安時代《へいあんじだい》の終《お》わりの戦《たたか》いでは大仏《だいぶつ》殿《でん》ごと焼《や》かれ、さらには戦国時代《せんごくじだい》、また戦《たたか》いに巻《ま》き込《こ》まれて大仏殿《だいぶつでん》は全焼《ぜんしょう》。大仏《だいぶつ》の首《くび》も焼《や》け落《お》ちてしまった……。

**リク**：首《くび》が何度《なんど》も落《お》ちてるってコワイ。

**河合先生《かわいせんせい》**：今《いま》、ぼくたちが見《み》ることのできる大仏《だいぶつ》は、江戸時代《えどじだい》に頭部《とうぶ》をつくり直《なお》して、再建《さいけん》されたものだよ。だから、つくられた当時《とうじ》のものは、台座《だいざ》や腹《はら》の部分《ぶぶん》などごく一部《いちぶ》だけなんだ。

みなさん　盧舎那仏《るしゃなぶつ》（大仏《だいぶつ》）を何度《なんど》もつくり直《なお》してくれてありがとう

2

奈良時代《ならじだい》

ビックリ報告《ほうこく》

## 聖武天皇《しょうむてんのう》と孝謙天皇《こうけんてんのう》
# 父《ちち》と娘《むすめ》が手《て》がけた、「たくさん」プロジェクト

### お寺《てら》をたくさんつくるぞ!!

聖武天皇《しょうむてんのう》は、仏教《ぶっきょう》の力《ちから》によって国《くに》を守《まも》り、社会《しゃかい》を安定《あんてい》させようという、「鎮護国家《ちんごこっか》」の考《かんが》え方《かた》を持《も》っていました。この考《かんが》え方《かた》のもと、聖武天皇《しょうむてんのう》が全国《ぜんこく》にたくさんつくったのが、国分寺《こくぶんじ》・国分尼寺《こくぶんにじ》です（↓120ページ）。

寺《てら》は、全国《ぜんこく》に60カ所《しょ》ほどつくられました。聖武天皇《しょうむてんのう》はこのプロジェクトに熱中《ねっちゅう》し、寺《てら》はその国《くに》の一番《いちばん》いい場所《ばしょ》に建《た》てよ、必《かなら》ず七重塔《しちじゅうのとう》とお釈迦様《しゃかさま》の像《ぞう》をつくるようにといったことを命《めい》じました。

▲下野国分寺《しもつけこくぶんじ》（手前《てまえ》）と国分尼寺《こくぶんにじ》（栃木県下野市《とちぎけんしもつけし》）。跡地《あとち》をもとに配置《はいち》を再《さい》現《げん》した図《ず》

下野市教育委員会

寺《てら》をつくるための費用《ひよう》は、人々《ひとびと》が苦労《くろう》して納《おさ》めた税《ぜい》を使《つか》い、労働力《ろうどうりょく》も提供《ていきょう》するよう人々《ひとびと》に命《めい》じました。世《よ》の平和《へいわ》を願《ねが》ったわりには、人々《ひとびと》の苦労《くろう》には気持《きも》ちが向《む》かなかった聖武天皇《しょうむてんのう》ですが、きっと「これが完成《かんせい》すれば鎮護国家《ちんごこっか》は実現《じつげん》する！」と本気《ほんき》で信《しん》じていたのでしょう。

741（天平《てんぴょう》13）年《ねん》に始《はじ》まったプロジェクトは、770年代《ねんだい》にはほぼ完成《かんせい》したと考《かんが》えられています。国分寺《こくぶんじ》には、男性《だんせい》の僧《そう》が20人《にん》、国分尼寺《こくぶんにじ》には女性《じょせい》の僧《そう》（尼《あま》）10人《にん》がつとめ、鎮護国家《ちんごこっか》の拠点《きょてん》となりました。また、仏教文化《ぶっきょうぶんか》が広《ひろ》まるきっかけともなりました。

国《くに》の平和《へいわ》を願《ねが》っているうちに、こういうことを思《おも》いついたの

## 塔《とう》をたくさんつくるわよ!!

聖武天皇《しょうむてんのう》の娘《むすめ》・阿倍内親王《あべのないしんのう》は、孝謙天皇《こうけんてんのう》（749年《ねん》〜）、称徳天皇《しょうとくてんのう》（764年《ねん》〜）と2度《ど》天皇《てんのう》に即位《そくい》しています（↓70ページ）。淳仁天皇《じゅんにんてんのう》に位《くらい》を譲《ゆず》り、孝謙上皇《こうけんじょうこう》だった時《とき》、淳仁天皇《じゅんにんてんのう》との対立《たいりつ》が深《ふか》まりました。その結果《けっか》、淳仁天皇《じゅんにんてんのう》の側近《そっきん》で勢力《せいりょく》をふるっていた藤原仲麻呂《ふじわらのなかまろ》が乱《らん》を起《お》こします。乱《らん》は吉備真備《きびのまきび》（↓138、175ページ）らの活躍《かつやく》などにより1週間《しゅうかん》ほどで平定《へいてい》されましたが、その後《ご》、再《ふたた》び天皇《てんのう》になった称徳天皇《しょうとくてんのう》は、「このようなことは二度《にど》とあってはならない」と強《つよ》く願《ねが》いました。そして、その願《ねが》いを形《かたち》にしようと、100万基《まんき》の小《ちい》さな塔《とう》をつくるプロジェクトを始《はじ》めました。

塔《とう》の中《なか》には「陀羅尼《だらに》」というお経《きょう》の一部《いちぶ》を入《い》れ、法隆寺《ほうりゅうじ》などの10の寺《てら》に10万基《まんき》ずつ納《おさ》めました。塔《とう》は職人《しょくにん》が一《ひと》つひとつ木《き》を削《けず》った手《て》づくりですが、陀羅尼《だらに》は、書写《しょしゃ》ではなく印刷物《いんさつぶつ》で、現存《げんそん》する世界最古《せかいさいこ》の印刷《いんさつ》物《ぶつ》としても有名《ゆうめい》です。

### 【百万塔《ひゃくまんとう》】

相輪《そうりん》
高《たか》さ・約《やく》21・5㎝
この部分《ぶぶん》がフタになっていて、フタを開《あ》けると
「お経《きょう》（陀羅尼《だらに》）」が入《はい》っている！

京都国立博物館蔵

### 【陀羅尼《だらに》】

京都国立博物館蔵

## 残《のこ》っている文字《もじ》から推理《すいり》 藤原仲麻呂《ふじわらのなかまろ》ってどんな人《ひと》？

藤原仲麻呂《ふじわらのなかまろ》（706〜764年《ねん》）は、一時期《いちじき》は「独裁《どくさい》」ともいえる政治《せいじ》をおこなった、奈良時代《ならじだい》随一《ずいいち》の野心家《やしんか》です。阿倍内親王《あべのないしんのう》の母《はは》・光明皇后《こうみょうこうごう》（↓71ページ）に信用《しんよう》されて勢力《せいりょく》を強《つよ》め、ライバルをどんどん蹴落《けお》とし、トップの座《ざ》に就《つ》きました。しかし、光明皇后《こうみょうこうごう》が亡《な》くなると力《ちから》を失《うしな》い、最後《さいご》は反乱《はんらん》を起《お》こして殺害《さつがい》されました。

この書《しょ》は仲麻呂《なかまろ》の文字《もじ》です。かなりの秀才《しゅうさい》だったとされる仲麻呂《なかまろ》の文字《もじ》は、右肩上《みぎかたあ》がりでクセはあるものの、意志《いし》の強《つよ》さが感《かん》じられます。

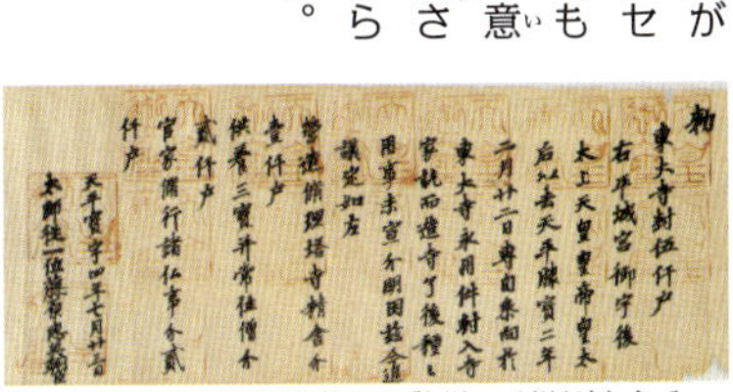

▲東大寺封戸処分勅書《とうだいじふこしょぶんちょくしょ》。全文《ぜんぶん》を藤原仲麻呂《ふじわらのなかまろ》が書《か》いた。勅書《ちょくしょ》とは天皇《てんのう》の命令《めいれい》を書《か》いた文書《ぶんしょ》

正倉院正倉蔵

3

## 奈良時代《ならじだい》
# ニンゲンファイル

**８世紀初頭《せいきしょとう》の唐《とう》の勢力範囲《せいりょくはんい》**

▲阿倍仲麻呂《あべのなかまろ》や吉備真備《きびのまきび》らが留学《りゅうがく》した８世紀《せいき》はじめの唐《とう》は、領土《りょうど》を中央《ちゅうおう》アジアにまで広《ひろ》げて絶頂期《ぜっちょうき》を迎《むか》えていた。首都《しゅと》の長安《ちょうあん》（現在《げんざい》の西安《シーアン》）は世界一《せかいいち》の大都市《だいとし》で、世界中《せかいじゅう》から人々《ひとびと》が集《あつ》まっていた

## 唐《とう》の皇帝《こうてい》に重用《じゅうよう》された、スーパーエリート留学生《りゅうがくせい》

# 阿倍仲麻呂《あべのなかまろ》

世界《せかい》の中心《ちゅうしん》で活躍《かつやく》した初《はじ》めての日本人《にほんじん》です

**頭脳明晰《ずのうめいせき》！ 20歳《はたち》で留学生《りゅうがくせい》に選《えら》ばれる**

遣唐使《けんとうし》とは、630～894年《ねん》までの間《あいだ》おこなわれた、日本《にほん》から唐《とう》への派遣使節《はけんしせつ》です。唐《とう》は当時《とうじ》の超大国《ちょうたいこく》。そこから最新《さいしん》の文《ぶん》化《か》や技術《ぎじゅつ》を学《まな》び、日本《にほん》に持《も》ち帰《かえ》ることが目《もく》的《てき》でした。阿倍仲麻呂《あべのなかまろ》は、20歳《はたち》の若《わか》さで留《りゅう》学生《がくせい》に選《えら》ばれました。有力貴族《ゆうりょくきぞく》の阿倍氏《あべし》出《しゅっ》身《しん》という家柄《いえがら》のよさと、とても頭《あたま》がよかったことが選《えら》ばれた理由《りゆう》のようです。

**阿倍仲麻呂《あべのなかまろ》（698～770年《ねん》）**
奈良時代《ならじだい》の遣唐使《けんとうし》。717（養老《ようろう》１）年《ねん》の第《だい》９次《じ》遣唐使《けんとうし》で唐《とう》に入《はい》り、唐《とう》の玄宗皇帝《げんそうこうてい》に仕《つか》えた。日本《にほん》への帰国《きこく》がかなわず長安《ちょうあん》で亡《な》くなる。
＊生《う》まれた年《とし》は諸説《しょせつ》ある

最先端《さいせんたん》の
知識《ちしき》・幸運《こううん》・
長生《なが》きで
大出世《だいしゅっせ》!

下級役人《かきゅうやくにん》から右大臣《うだいじん》に。日本《にほん》で大出世《だいしゅっせ》!

# 吉備真備《きびのまきび》

## 阿倍仲麻呂《あべのなかまろ》と同《おな》じ遣唐使船《けんとうしせん》

学問《がくもん》に秀《ひい》でていた吉備真備《きびのまきび》は、下級役人《かきゅうやくにん》の家《いえ》の出身《しゅっしん》ながら、阿倍仲麻呂《あべのなかまろ》と同《おな》じ第《だい》9次遣《じけん》唐使船《とうしせん》で唐《とう》に留学《りゅうがく》しました。儒学《じゅがく》や天文学《てんもんがく》、兵学《へいがく》などを17年間学《ねんかんまな》んで帰国《きこく》した後《あと》は、朝廷《ちょうてい》の実力者《じつりょくしゃ》・橘 諸兄《たちばなのもろえ》のブレーンとなり、順調《じゅんちょう》に出世《しゅっせ》します。

## 天才老人《てんさいろうじん》、反乱《はんらん》を平定《へいてい》

しかし諸兄《もろえ》が失脚《しっきゃく》すると、真備《まきび》は新《あたら》しく実力者《じつりょくしゃ》となった藤原仲麻呂《ふじわらのなかまろ》(→173ページ)に嫌《きら》われます。そして、すでに50代後半《だいこうはん》だったにもかかわらず、危険《きけん》な唐行《とうい》きをまたも命《めい》じられました。しかし真備《まきび》は強運《きょううん》に恵《めぐ》まれ、翌年《よくねん》、無事帰国《ぶじきこく》できました。

真備《まきび》70歳《さい》の時《とき》、その仲麻呂《なかまろ》が反乱《はんらん》を起《お》こします。ここで真備《まきび》は司令官《しれいかん》として、乱《らん》を平定《へいてい》。これが評価《ひょうか》され、真備《まきび》は右大臣《うだいじん》に出世《しゅっせ》しました。

**吉備真備《きびのまきび》(695～775年《ねん》)**

第《だい》9次遣唐使《じけんとうし》で唐《とう》に入《はい》り、735(天平《てんぴょう》7)年帰国《ねんきこく》。その後《ご》、遣唐副使《けんとうふくし》として再度《さいど》、唐《とう》に渡《わた》った。称徳天皇政権下《しょうとくてんのうせいけんか》では右大臣《うだいじん》にまで出世《しゅっせ》。

## 超難関《ちょうなんかん》の試験《しけん》「科挙《かきょ》」に合格《ごうかく》!

唐《とう》の首都《しゅと》・長安《ちょうあん》には、世界中《せかいじゅう》から留学生《りゅうがくせい》が集《あつ》まっていましたが、ここでも仲麻呂《なかまろ》は成績優秀《せいせきゆうしゅう》でした。そこで、当時《とうじ》おこなわれていた「科挙《かきょ》」という、官僚登用試験《かんりょうとうようしけん》に挑戦《ちょうせん》しました。科挙《かきょ》は合格率《ごうかくりつ》が1%ほど。そんな難関《なんかん》にもかかわらず、仲麻呂《なかまろ》は24歳頃《さいごろ》には合格《ごうかく》し、唐《とう》の官僚《かんりょう》となりました。

## 帰国《きこく》の夢《ゆめ》かなわず、長安《ちょうあん》で死《し》す

唐《とう》で順調《じゅんちょう》に出世《しゅっせ》した仲麻呂《なかまろ》ですが、いずれは日本《にほん》に帰国《きこく》したいと願《ねが》っていました。しかし、その願《ねが》いは唐《とう》の皇帝《こうてい》によって許《ゆる》されなかったり、ようやく乗《の》れた帰国船《きこくせん》が安南《アンナン》(現在《げんざい》のベトナム)に流《なが》されてしまったりして、かなうことはありませんでした。

唐《とう》の有名文化人《ゆうめいぶんかじん》との交流《こうりゅう》も盛《さか》んだったんじゃ

4

# 奈良時代《ならじだい》 ウンチクこぼれ話《ばなし》

### 【天然痘《てんねんとう》が大流行《だいりゅうこう》】

＊天然痘《てんねんとう》は、天然痘《てんねんとう》ウイルスが病原体《びょうげんたい》で、感染《かんせん》すると20〜50％が死亡《しぼう》する恐《おそ》ろしい伝《でん》染病《せんびょう》です。

奈良時代《ならじだい》の中頃《なかごろ》、日本《にほん》で天然痘《てんねんとう》が大流行《だいりゅうこう》しました。その猛威《もうい》は政権《せいけん》の中心《ちゅうしん》にまでおよび、大《おお》きな権力《けんりょく》を持《も》っていた藤原四兄弟《ふじわらよんきょうだい》（光明皇后《こうみょうこうごう》のきょうだい）が相次《あいつ》いで全員《ぜんいん》死《し》んだのも、天然痘《てんねんとう》が原因《げんいん》ではないかと考《かんが》えられています。

天然痘《てんねんとう》、コワイよー

＊天然痘《てんねんとう》はワクチンの普及《ふきゅう》によって、1980年《ねん》にＷＨＯ《ダブリューエイチオー》（世界保健機関《せかいほけんきかん》）が世界《せかい》から撲滅《ぼくめつ》したと宣言《せんげん》した

### 【長屋王《ながやおう》のたたり】

長屋王《ながやおう》（→55ページ）は、聖武天皇《しょうむてんのう》の頃《ころ》の政府《せいふ》の最高権力者《さいこうけんりょくしゃ》でしたが、呪《のろ》いの術《じゅつ》を学《まな》んで国家《こっか》を傾《かたむ》けようとしたという密告《みっこく》が原因《げんいん》で、729（神亀《じんき》6）年《ねん》に自殺《じさつ》させられました。真相《しんそう》は、藤原四兄弟《ふじわらよんきょうだい》が企《くわだ》てた陰《いん》謀《ぼう》だとされています。その後《ご》、実権《じっけん》を握《にぎ》った彼《かれ》らが相次《あいつ》いで死《し》んだ時《とき》、都《みやこ》の人々《ひとびと》はそれを「長屋王《ながやおう》のたたり」だとうわさしたそうです。

▼呪《のろ》いやまじないに使《つか》われた品々《しなじな》
災《わざわ》いなどを除《のぞ》くまじないとして、人《ひと》の顔《かお》を描《えが》いた人形《ひとがた》や土《ど》器《き》を川《かわ》に流《なが》す儀式《ぎしき》がおこなわれていたらしい。奈良時代《ならじだい》は呪《のろ》いの力《ちから》が信《しん》じられており、呪《のろ》い殺《ころ》すことは重犯罪《じゅうはんざい》だった

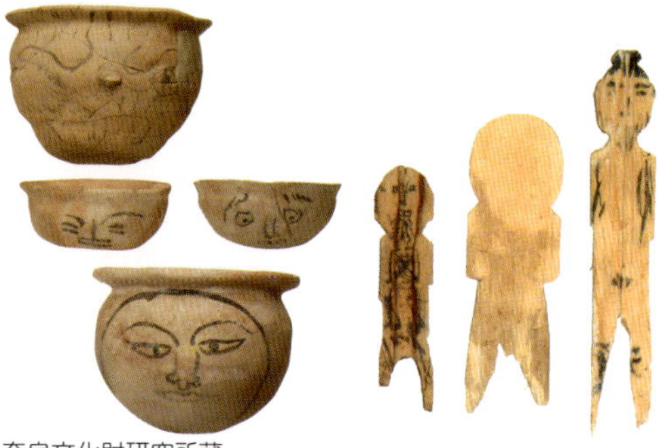

奈良文化財研究所蔵

### 【相撲《すもう》が好《す》きだった？ 聖武天皇《しょうむてんのう》】

奈良時代《ならじだい》の貴族《きぞく》や役人《やくにん》は、いろいろな娯《ご》楽《らく》を楽《たの》しみましたが、中《なか》でも相撲見物《すもうけんぶつ》は、聖武天皇《しょうむてんのう》のお気《き》に入《い》りだったようです。

聖武天皇《しょうむてんのう》は、わたしとリクのダンスも楽《たの》しんでたわ♪
オレの裸踊《はだかおど》りにはびっくりしてたけどな！

734（天平《てんぴょう》6）年《ねん》7月《がつ》、聖武天皇《しょうむてんのう》は各地《かくち》から相撲人《すまいびと》（力士《りきし》）を集《あつ》めて試合《しあい》を催《もよお》しました。この催《もよお》しはその後約《ごやく》400年間《ねんかん》、朝廷《ちょうてい》の重《じゅう》要《よう》な儀式《ぎしき》として盛大《せいだい》におこなわれました。

## 【ナゾの留学生《りゅうがくせい》】

2004(平成《へいせい》16)年《ねん》10月《がつ》、中国《ちゅうごく》の西安《シーアン》(かつての長安《ちょうあん》)で古《ふる》い墓誌《ぼし》(亡《な》くなった人《ひと》のことが石《いし》などに刻《きざ》まれたもの)が発見《はっけん》されました。そこには「井真成《いのまなり》という日本《にほん》人《じん》が、中国《ちゅうごく》で礼儀《れいぎ》教養《きょうよう》を身《み》につけたが、734年《ねん》1月《がつ》に突然《とつぜん》36歳《さい》で亡《な》くなった」といった内容《ないよう》が刻《きざ》まれていました。年代《ねんだい》から考《かんが》えて阿倍仲麻呂《あべのなかまろ》と同《おな》じ、第《だい》9次《じ》の遣唐留《けんとうりゅう》学生《がくせい》だった可能性《かのうせい》が高《たか》いのですが、井真成《いのまなり》に関《かん》する史料《しりょう》はこの墓誌《ぼし》以外《いがい》にありません。彼《かれ》はいったい、何者《なにもの》だったのでしょう?

▲発見《はっけん》された井真成《いのまなり》の墓誌《ぼし》

「井真成」の読《よ》み方《かた》には「い(の)まなり」や「せいしんせい」などの説《せつ》もある

写真:朝日新聞社

## 【玄昉《げんぼう》は超能力者《ちょうのうりょくしゃ》だった?】

第《だい》9次《じ》の遣唐留学生《けんとうりゅうがくせい》の玄昉《げんぼう》(→138ページ)は、吉備真備《きびのまきび》とともに日本《にほん》に帰国《きこく》し、出世《しゅっせ》しました。出世《しゅっせ》の決《き》め手《て》は、聖武《しょうむ》天皇《てんのう》の母《はは》・藤原宮子《ふじわらのみやこ》(→121ページ)の病《やまい》を祈祷《きとう》で治《なお》したことです。しかし、その後《ご》失脚《しっきゃく》し、失意《しつい》のなか、亡《な》くなりました。

母上《ははうえ》に
会《あ》えたのは
玄昉《げんぼう》の
おかげ!

## 【鑑真《がんじん》は目《め》が見《み》えていた!?】

失明《しつめい》した末《すえ》、6回目《かいめ》の挑戦《ちょうせん》で日本《にほん》にやってきた唐《とう》の高僧《こうそう》・鑑真《がんじん》(→139ページ)。しかし、来日《らいにち》後《ご》に鑑真《がんじん》が出《だ》した手紙《てがみ》が存在《そんざい》するため、「手紙《てがみ》が書《か》けるということは失《しつ》明《めい》していなかったのでは?」という説《せつ》があります。一方《いっぽう》で、弟子《でし》が代筆《だいひつ》した、鑑真《がんじん》ほどの人物《じんぶつ》なら失明《しつめい》していても書《か》けたはず、といった説《せつ》もあります。

## 【行基《ぎょうき》の伝説《でんせつ》】

行基《ぎょうき》(→139ページ)は、奈良《なら》時代《じだい》の偉大《いだい》な僧《そう》です。そんな行基《ぎょうき》には多《おお》くの「伝《でん》説《せつ》」が残《のこ》っています。

全国《ぜんこく》各地《かくち》に残《のこ》っているのが、「この温泉《おんせん》は行基《ぎょうき》が発見《はっけん》した」伝説《でんせつ》。また、ブドウづくりが盛《さか》んな山梨県《やまなしけん》の勝沼《かつぬま》には、「勝《かつ》沼《ぬま》を訪《おとず》れた行基《ぎょうき》が、ブドウのつくり方《かた》を教《おし》えてくれた」との伝《でん》説《せつ》があります。

▲勝沼《かつぬま》のワイン用《よう》のブドウ

写真:ピクスタ

奈良《なら》時代《じだい》の話《はなし》は
これでおしまい!
別《べつ》の時代《じだい》で、
また会《あ》おうね!

# 奈良《なら》時代《じだい》〜平安《へいあん》時代《じだい》初《はじ》め 年表《ねんぴょう》

## 奈良時代《ならじだい》

| | |
|---|---|
| 710年《ねん》 | 元明天皇《げんめいてんのう》が都《みやこ》を平城京《へいじょうきょう》（大和国《やまとのくに》〈奈良県《ならけん》〉）に移《うつ》す |
| 712年《ねん》 | 『古事記《こじき》』ができる |
| 717年《ねん》 | 阿倍仲麻呂《あべのなかまろ》、吉備真備《きびのまきび》らが遣唐使船《けんとうしせん》で唐《とう》（中国《ちゅうごく》）に渡《わた》る |
| 720年《ねん》 | 『日本書紀《にほんしょき》』ができる |
| 723年《ねん》 | 三世一身法《さんぜいっしんのほう》が定《さだ》められる |
| 724年《ねん》 | 聖武天皇《しょうむてんのう》が天皇《てんのう》の位《くらい》につく |
| 729年《ねん》 | 聖武天皇《しょうむてんのう》が光明子《こうみょうし》を皇后《こうごう》にする（光明皇后《こうみょうこうごう》となる） |
| 730年《ねん》 | 光明皇后《こうみょうこうごう》の提案《ていあん》で、施薬院《せやくいん》と悲田院《ひでんいん》がつくられる |
| 740年《ねん》 | 聖武天皇《しょうむてんのう》が都《みやこ》を恭仁京《くにきょう》（山背国《やましろのくに》〈京都府《きょうとふ》〉）に移《うつ》す |
| 741年《ねん》 | 聖武天皇《しょうむてんのう》が全国《ぜんこく》に国分寺《こくぶんじ》、国分尼寺《こくぶんにじ》をつくる命令《めいれい》を出《だ》す |
| 743年《ねん》 | 墾田永年私財法《こんでんえいねんしざいほう》が定《さだ》められる。聖武天皇《しょうむてんのう》が奈良《なら》の大仏《だいぶつ》をつくる命令《めいれい》を出《だ》す |

| | |
|---|---|
| 744年《ねん》 | 聖武天皇《しょうむてんのう》が都《みやこ》を難波宮《なにわのみや》（摂津国《せっつのくに》〈大阪府《おおさかふ》・兵庫県《ひょうごけん》〉）に移《うつ》す |
| 745年《ねん》 | 聖武天皇《しょうむてんのう》が都《みやこ》を紫香楽宮《しがらきのみや》（近江国《おうみのくに》〈滋賀県《しがけん》〉）に移《うつ》す。その後《ご》、平城京《へいじょうきょう》に戻《もど》す |
| 749年《ねん》 | 聖武天皇《しょうむてんのう》が位《くらい》を退《しりぞ》き、聖武上皇《しょうむじょうこう》となる。阿倍内親王《あべのないしんのう》が孝謙天皇《こうけんてんのう》として、天皇《てんのう》の位《くらい》につく |
| 752年《ねん》 | 奈良《なら》の大仏《だいぶつ》の開眼供養《かいげんくよう》が行《おこな》われる |
| 753年《ねん》 | 唐《とう》から鑑真《がんじん》が来日《らいにち》する |
| 756年《ねん》 | 聖武上皇《しょうむじょうこう》が亡《な》くなる |
| 758年《ねん》 | 孝謙天皇《こうけんてんのう》が位《くらい》を退《しりぞ》き、孝謙上皇《こうけんじょうこう》となる。淳仁天皇《じゅんにんてんのう》が天皇《てんのう》の位《くらい》につく |
| 764年《ねん》 | 孝謙上皇《こうけんじょうこう》が称徳天皇《しょうとくてんのう》として再《ふたた》び天皇《てんのう》の位《くらい》につく |
| 770年《ねん》 | 称徳天皇《しょうとくてんのう》が亡《な》くなる |
| 781年《ねん》 | 桓武天皇《かんむてんのう》が天皇《てんのう》の位《くらい》につく |
| 784年《ねん》 | 桓武天皇《かんむてんのう》が都《みやこ》を長岡京《ながおかきょう》（山背国《やましろのくに》）に移《うつ》す |
| 平安時代《へいあんじだい》 | |
| 794年《ねん》 | 桓武天皇《かんむてんのう》が都《みやこ》を平安京《へいあんきょう》（山背国《やましろのくに》）に移《うつ》す |

| | |
|---|---|
| 監修 | 河合敦 |
| 編集デスク | 大宮耕一、橋田真琴 |
| 編集スタッフ | 泉ひろえ、河西久実、庄野勢津子、十枝慶二、中原崇 |
| シナリオ | 河西久実 |
| 作画協力 | 掛田典恵、並木美樹、楠美マユラ、ミサワハヤト、渡辺貴行、川井郊子 |
| 着彩協力 | 楠美マユラ、せまうさ、永奥秀太、並木美樹、合同会社スリーペンズ（川上千晶、宮崎薫里絵、屋佳菜未） |
| コラムイラスト | 相馬哲也、横山みゆき、イセケヌ |
| コラム図版 | 平凡社地図出版 |
| 参考文献 | 『早わかり日本史』河合敦著 日本実業出版社／『続日本紀』（上）（中）宇治谷孟 講談社 ／『平城宮跡資料館図録』奈良文化財研究所／『新装版・奈良の大仏ー世界最大の鋳造仏ー』香取忠彦著 穂積和夫イラスト 草思社／『日本人はどのように建造物をつくってきたか７ 平城京ー古代の都市計画と建築ー』宮本長二郎著 穂積和夫イラストレーション 草思社／『ならの大仏さま』加古里子文・絵 福音館書店／『調べ学習日本の歴史３ 奈良の大仏の研究』戸津圭之介著 ポプラ社／「週刊マンガ日本史 改訂版」６～10 号 朝日新聞出版 |

※本シリーズのマンガは、史実をもとに脚色を加えて構成しています。

## 奈良時代《ならじだい》へタイムワープ

2018年３月30日　第１刷発行
2022年２月20日　第７刷発行

著　者　マンガ：細雪純／ストーリー：チーム・ガリレオ
発行者　橋田真琴
発行所　朝日新聞出版
〒104-8011
東京都中央区築地5-3-2
編集　生活・文化編集部
電話　03-5540-7015（編集）
03-5540-7793（販売）

印刷所　株式会社リーブルテック
ISBN978-4-02-331664-5
本書は 2016 年刊『奈良時代のサバイバル』を増補改訂し、改題したものです